AF608868

EINE WELT AUS TAU

Japanische Rollbilder und
Werke der Gegenwartskunst
in der Sammlung Dr. Christiane Hackerodt

Herausgegeben von Wilfried Köpke
für die Dr. Christiane Hackerodt Kunst- und Kulturstiftung

Eine Welt aus Tau

Japanische Rollbilder und Werke der Gegenwartskunst in der Sammlung Dr. Christiane Hackerodt

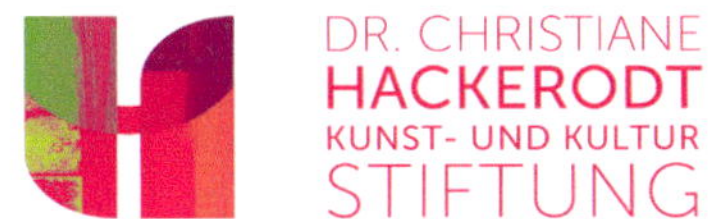

SCHNELL + STEINER

Kōkei Yoshimura
1769–1836

Nachtigall auf Weidenzweig

Nightingale on Willow Branch

178 × 62 cm

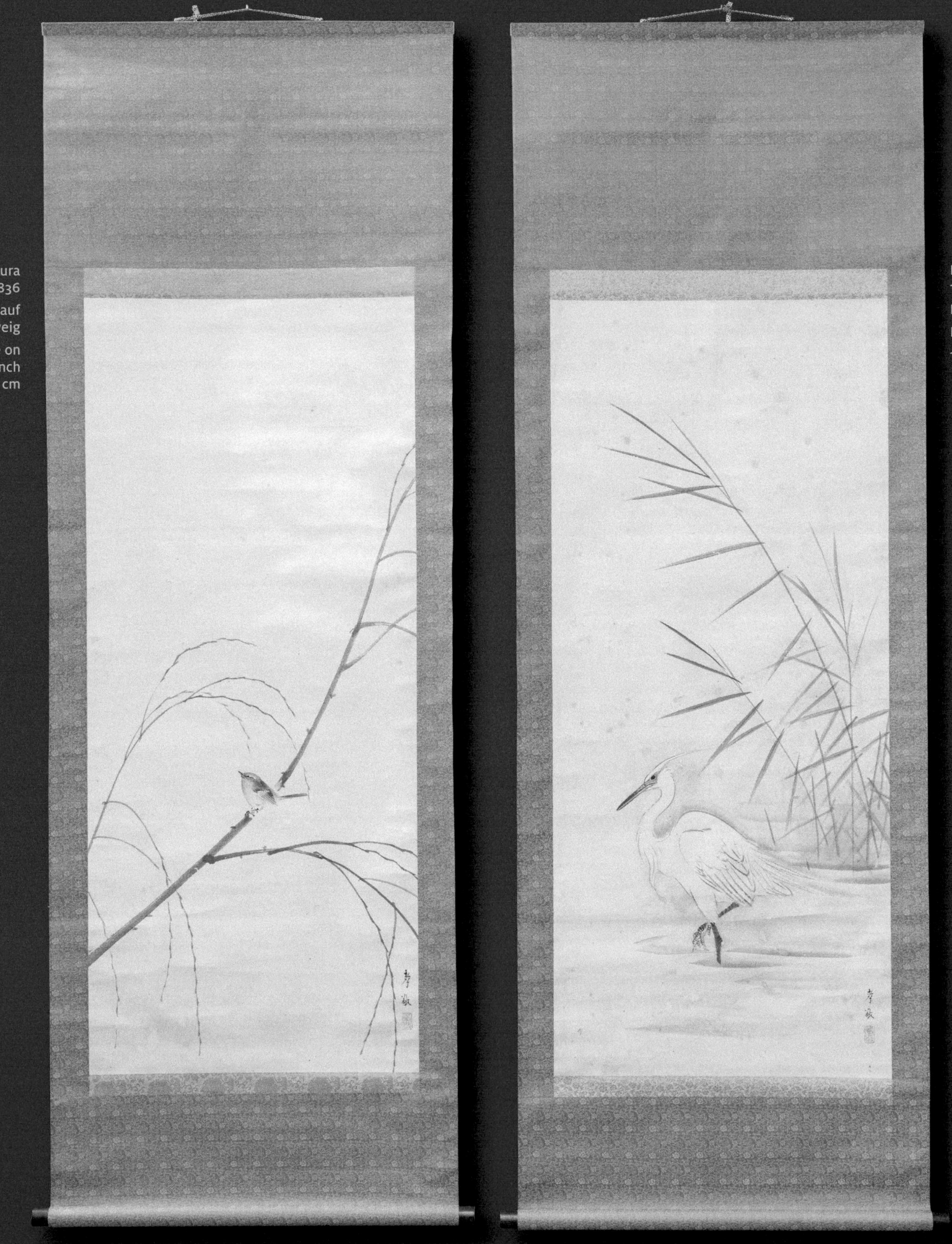

Kōkei Yoshimura
1769–1836

Reiher im Schilf

Heron in Reeds

178 × 61,5 cm

Inhalt | Contents

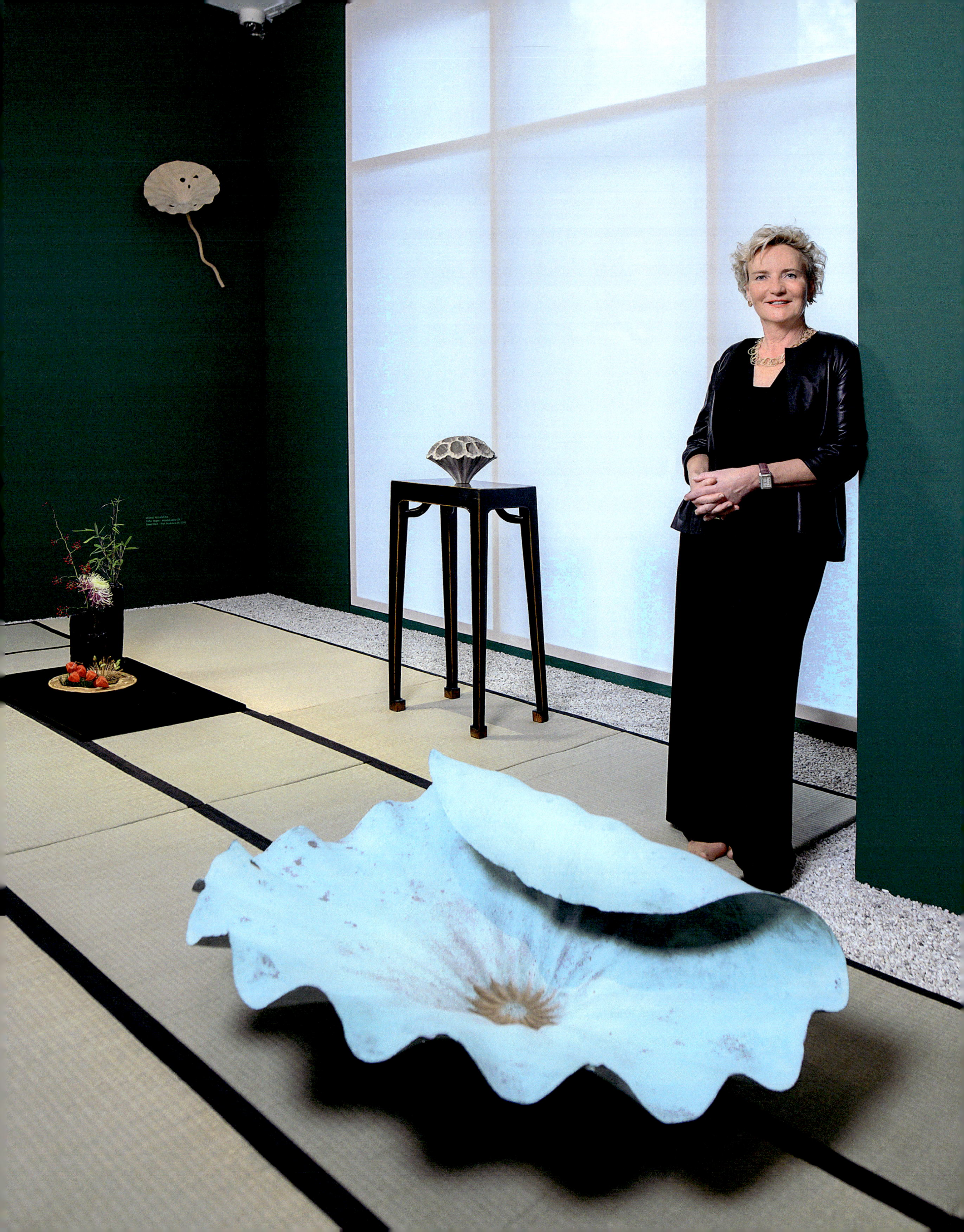

CHRISTIANE HACKERODT

Vertraute Fremde

Anfang der 1990er Jahre lebte und forschte ich im Rahmen meines wirtschaftswissenschaftlichen Dissertationsvorhabens in Japan. Es war mein erster Aufenthalt in einem Land, dessen Sprache und Kultur mir völlig fremd waren. Bereits wenige Kilometer hinter der Metropole Tokyo, wo ich für knapp zwei Jahre lebte, konnte ich die Verkehrsschilder nicht mehr lesen, sprachen die Leute auf der Straße keine der mir geläufigen Sprachen. Dieser Verlust der Heimat, der Sprache wurde in Tokyo noch verstärkt von dem temporeichen, schrillen und grellen Geschäftsleben. Die Dynamik der japanischen Wirtschaft, die mich als Ökonomin interessierte, schien in den Boomjahren 1987 bis 1992 eine kulturelle und gesellschaftliche Entsprechung im Geschäfts- und Alltagsleben zu finden. Die atemberaubende Begeisterung wich einer Überforderung meiner Sinne. Diese Stadt buhlte um meine Aufmerksamkeit rund um die Uhr, wollte gehört, gesehen, geschmeckt, entdeckt werden.

Allmählich entdeckte ich die andere Seite der japanischen Kultur: die ruhigen Zen-Gärten, die Teezeremonie, eine alltägliche Spiritualität der Entschleunigung mit ihren Wurzeln im Zen-Buddhismus. Ich lernte das prägende Bedürfnis der japanischen Kultur nach Harmonie mit sich und ihrer Lebenswelt kennen und die unterschiedlichen Wege zu beschreiten, dieses Harmoniebedürfnis zu verwirklichen, wie den meditativen Weg der Blumen *(Ikebana),* die vom Respekt, Ritual und Ruhe geprägte Teezeremonie und die Sprache der Rollbilder. Die Kakemonos werden zu besonderen Gelegenheiten aus ihren Aufbewahrungskästen, *Kiribakus*, geholt und beim Besuch geschätzter Gäste in die Tokonoma, die dafür vorgesehene Wandnische, gehängt. Das intensiviert die gesammelte, innerliche Stimmung der Teezeremonie, mit der der Gastgeber die Gäste ehrt. Die Motive der Rollbilder verweisen in der buddhistischen Ikonografie auf den Weg zur Erleuchtung, und auch losgelöst von diesem religiösen Kontext laden sie ein zu Entschleunigung, zu Reduzierung, zu Verzicht – zur Leere.

Die Sammlung der Rollbilder bedeutet einen interkulturellen Austausch auf mehreren Ebenen: historisch, geographisch und kulturell.

Historisch stammen die ältesten Rollbilder der Sammlung aus einer Zeit, in der sich Japan vom Rest der Welt isoliert hatte

CHRISTIANE HACKERODT

The Familiar in the Strange

In the early 1990s, I lived in Japan while researching for my dissertation in economics. It was my first time being in a country whose language and culture were completely foreign to me. Even a few kilometres outside the metropolis of Tokyo, where I lived for nearly two years, I could no longer read the traffic signs and people on the street spoke none of the languages I knew. In Tokyo, the loss of home and language was exacerbated by life in the business world, which was fast-paced, shrill, and flashy. The dynamism of the Japanese economy, which was of great interest to me as an economist, seemed to find its social and cultural equivalent in business and everyday life in the boom years between 1987 and 1992. What began as breathless enthusiasm became a kind of sensory overload. Night and day, this city was vying for my attention, demanding to be heard, seen, tasted, discovered.

Gradually I discovered the other side of Japanese culture: the peaceful Zen gardens, the tea ceremony, the everyday spirituality of slowing down, which has its roots in Zen Buddhism. I learned about Japanese culture's defining need for harmony with one self and one's lived environment; I also learned about the different ways this need for harmony can be satisfied, including the meditative arrangement of flowers (*ikebana*), the tea ceremony – characterized by respect, ritual and tranquillity – and the language of scroll paintings. On special occasions, as when esteemed guests visit, *kakemonos* are taken from their storage boxes (*kiribakus*) and hung in the *tokonoma*, the wall niche intended for this purpose. Scroll paintings intensify the composed, meditative atmosphere of the tea ceremony, with which the host does honour to guests. In Buddhist iconography, the motifs of the scroll paintings point the way towards enlightenment. Even when removed from this religious context, they invite us to decelerate, to reduce, to abstain. An invitation to emptiness.

This collection of scroll paintings serves as a form of an intercultural exchange on several levels: historical, geographical, and cultural.

In historical terms, the oldest scroll paintings here date back to between the seventeenth and the nineteenth centuries, a time when Japan was isolated from the rest of the world. During this period, it was difficult and very risky for

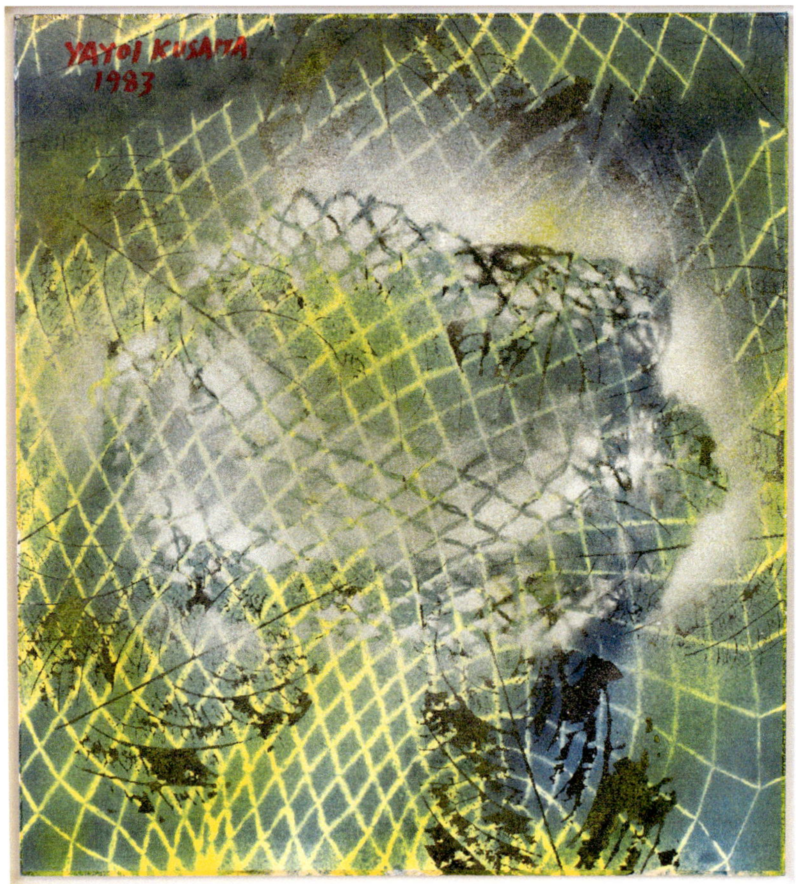

Yayoi Kusama: Frühlingsbeginn | Early Spring, 27,3 × 24,2 cm

(17. bis 19. Jahrhundert). Fremde konnten nur schwierig oder mit hohen Risiken das Land betreten, das sich so auch seine kulturelle Autonomie und eine eigene künstlerische Ausdrucksform bewahrte. Geographisch ermöglichte das die Insellage des Archipels. Zudem rückten die europäische Westorientierung einerseits und die beschränkten Handelsmöglichkeiten andererseits Japan über Jahrhunderte aus dem europäischen Fokus.

Es war für mich eine faszinierende Entdeckung in der Gegenwartskunst parallel künstlerische Ansätze zu finden in der japanischen Künstlergruppe Gutai und der deutschen Gruppe ZERO: Körperausdruck statt Plan und Struktur, Farbwirkung statt offensichtlicher Narrative, Reduzierung statt Überfluss, Betonung der Materialität statt des Motivs. Die Arbeiten der Gegenwartskunst im Dialog mit den Rollbildern als weitere Dimension des interkulturellen Austausches offenbaren den tiefergehenden Anspruch der Kunst über das Zeitverhaftete, Ästhetische und Dekorative hinaus. Bereits in den Weißflächen der Rollbilder deutet sich der Mut zur Leere und die Abstraktion der Moderne an. In ihrer Funktion als Ausdruck einer spirituellen Praxis der

foreigners to enter the country. Isolation also preserved Japan's cultural autonomy and its own forms of artistic expression. Geographically, this was made possible by the fact that Japan is an accumulation of islands. In addition, Europe's fundamentally westward orientation at this time, as well as the limited trading opportunities offered by Japan, kept European focus away from that country for centuries.

It was a fascinating find the parallel approaches to contemporary art to be found in the Japanese artist group Gutai and in the German group Zero. Both movements emphasize physical expression rather than plan and structure, colour effects rather than obvious narratives, reduction rather than excess, materiality rather than subject matter. The contemporary artworks which are here placed in dialogue with the scroll paintings present another dimension of intercultural exchange, while revealing art's more profound demands, going beyond the time-bound, the aesthetic, and the decorative. Modernity's abstraction and the courage to accept emptiness are already evident in the white surfaces of the scroll paintings. These im-

Harmonie, des Respekts und der Achtsamkeit korrespondieren die Rollbilder mit den Arbeiten Sadaharu Horios, in denen der Künstler in einem rituellen Malakt den besonderen Momenten des Augenblicks nachspürt. Die Künstlerin Yuko Nasaka überwindet in ihren Arbeiten Raum und Zeit, Alltag und Kunst im Zusammenspiel von künstlerischer Setzung verbunden mit autopoietischen, zufälligen Momenten.

Der interkulturelle Dialog, der Dialog zwischen Ost und West wurde für mich in den vergangenen Jahren Ausgangspunkt einer Aufhebung der Trennungen zwischen Hochkunst und Alltagskultur, Wahrnehmbarem und Unsichtbarem, Tradition und Gegenwart. Aufhebung im Sinn einer neuen, gemeinsamen Ebene oder eines gemeinsamen Ursprungs im Suchen nach einer gemeinsamen Mitte, einer gemeinsamen, tragenden Verbindung und Verbindlichkeit. Ich entdeckte die gemeinsamen Spuren von Kontemplation und Meditation als einer Ost wie West gemeinsamen Dimension. In der Sammlung der Dr. Christiane Hackerodt Kunst- und Kulturstiftung und ihrem Engagement für die Gegenwartskunst gehe ich diesen Spuren nach.

ages work to express a spiritual practice centring on harmony, respect, and mindfulness. As such, they correspond to the work of Sadaharu Horios, whose ritual act of painting traces the particular moment of nowness. Yuko Nasaka's work stages the interplay of artistic setting and autopoietic moments of chance; in this way, her work transcends space and time, art and everyday life.

In recent years, intercultural dialogue between East and West has become my starting point to overcome the separation between high art and everyday culture, between the perceptible and the invisible, tradition and the present day. Overcoming in this context means creating a new, shared level, where we find common origins and search for a common centre. It means shared connection and mutual obligation. Within this space, I have discovered common traces of contemplation and meditation, a dimension shared by both East and West. These days, I continue to follow these traces, through the collection of the Dr Christiane Hackerodt Art and Culture Foundation, and its commitment to contemporary art.

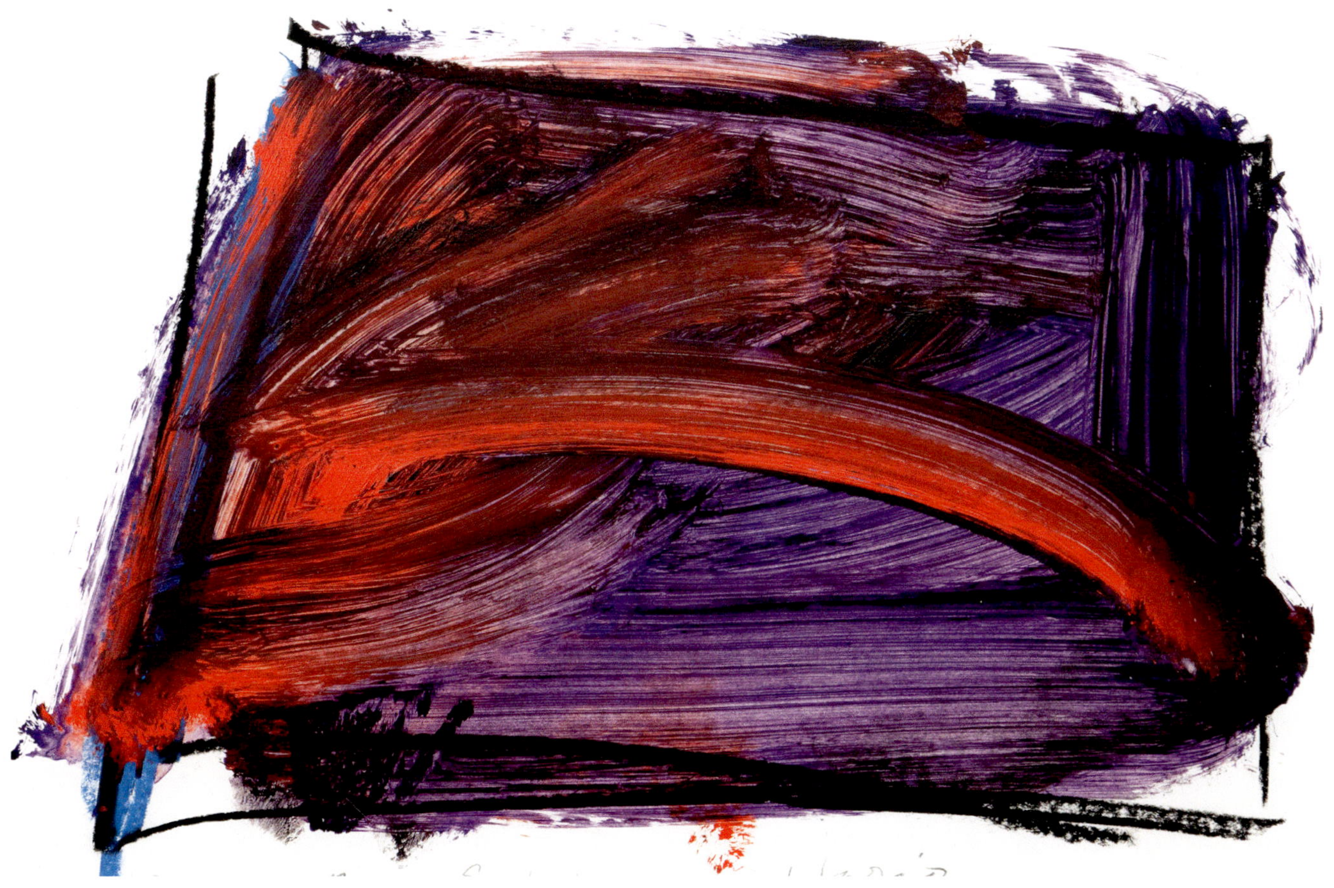

Sadaharu Horio: Werk | Work, 39,5 × 54,7 cm

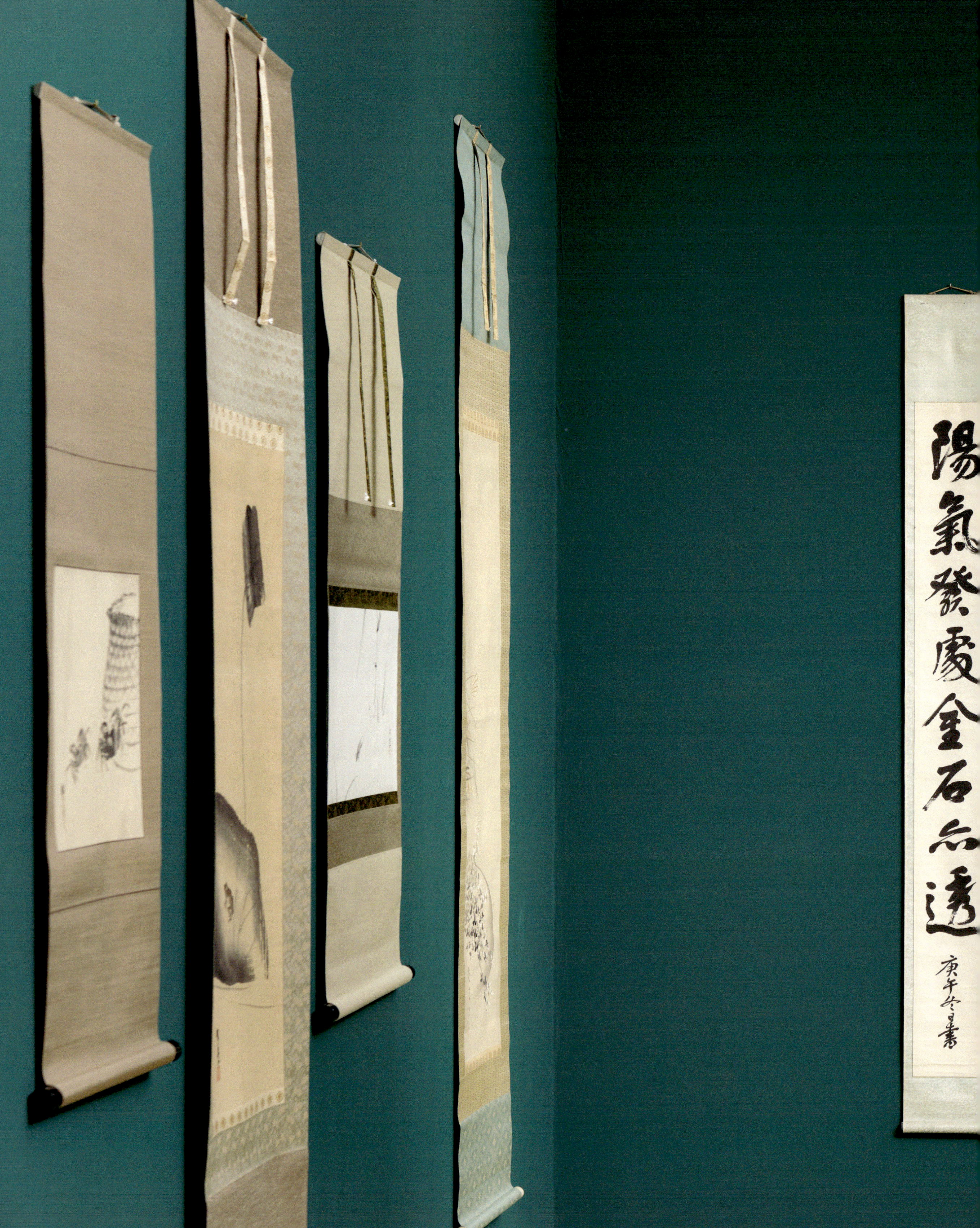
陽氣發處金石亦透

Jede Herausforderung lässt sich lösen,
wenn man seinen Geist darauf fokussiert.
Once the mind is there, you can achieve it.

Seine Kräfte (Yang-Energie) gezielt eingesetzt,
lässt einen Schwierigkeiten überwinden.
Using its powers (Yang energy) in a targeted way
allows one to overcome difficulties.

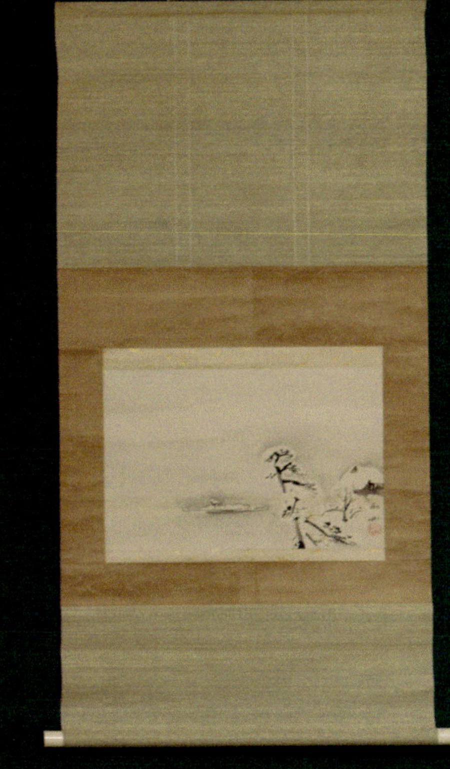

Miyahara
1806–1885
Kalligrafie: Konfuzianische Weisheiten
Calligraphy: Confucian Wisdoms
185 × 19,5 cm

Eiho Maruyama
1886–1962
Winterlandschaft
Winter Landscape
119 × 55 cm

Rōko Kantoku
späte Edo-Zeit
Weiße Camelia
late Edo period
White Camellia
110 × 54 cm

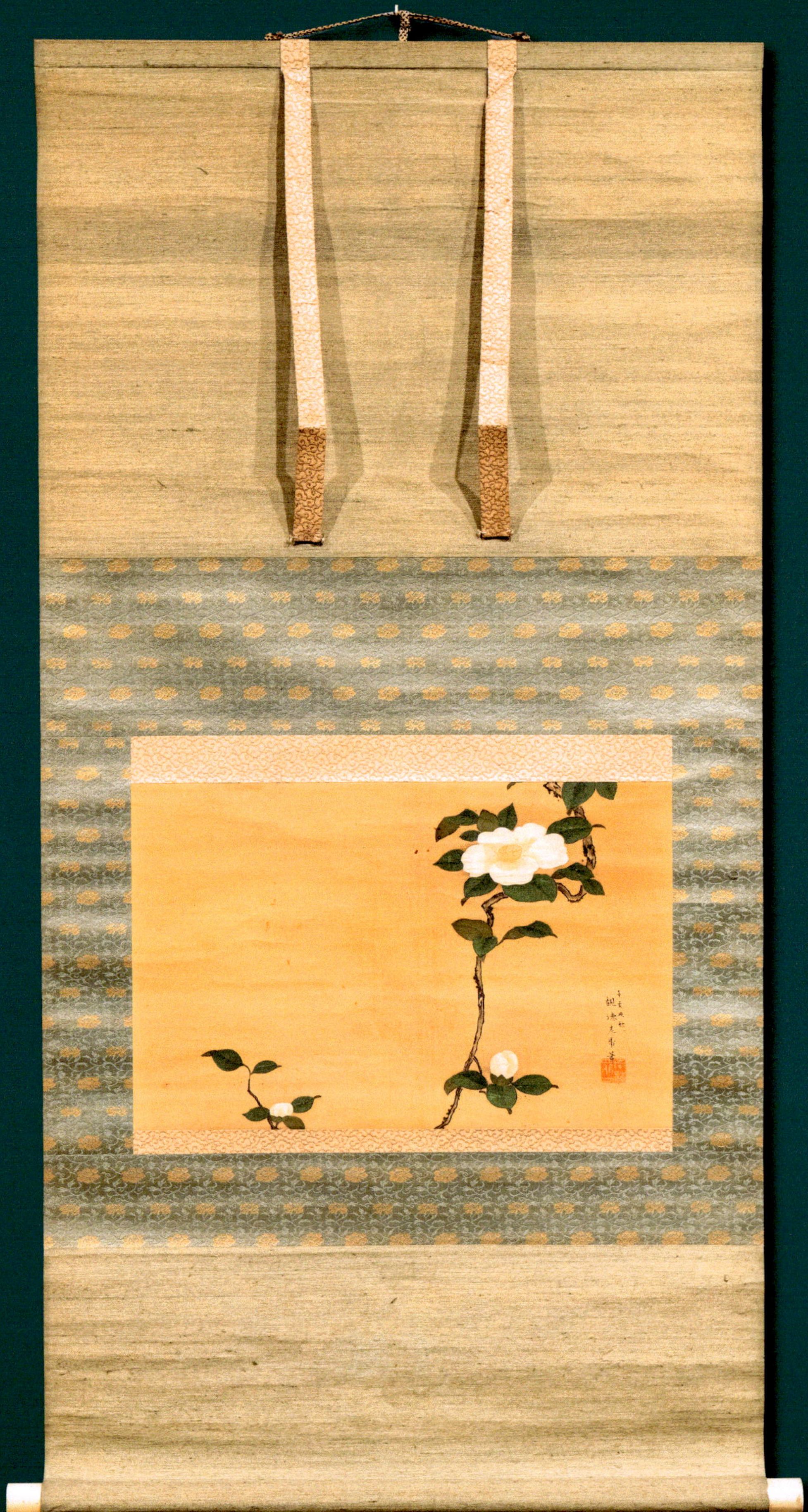

CLAUDIA FORTAGNE

Kakejiku – Japanische Rollbilder

Im Helldunkel eines traditionell japanischen Raumes fällt der Blick alsbald auf eine besondere Schmucknische in der Wand – die *Tokonoma*. Zu Ehren von Gästen und mit Bedacht auf den Anlass der Zusammenkunft wird ein Rollbild aus dem Familienbesitz oder aus dem Bestand einer Sammlung oder eines Tempels ausgewählt. Sorgfältig kombiniert, beispielsweise mit einem Ikebana-Blumenarrangement oder einer wohlgeformten Keramik, wird das Bild in der *Tokonoma* platziert. „Alles dient dazu, die Schönheit des Hauptthemas zu unterstreichen, [...] echtes Verständnis des Schönen ist nur durch Konzentration auf ein zentrales Motiv möglich."[1]

Die Einführung des Buddhismus im 6. Jahrhundert ist für die zivilisatorische Entwicklung Japans von weitreichender Bedeutung. Neben den chinesischen Schriftzeichen werden Techniken der Malerei und des Handwerks übernommen. Im Streben nach kultureigenen Ausdrucksformen entwickelt man sie dann stetig weiter.

Kakejiku[2] sind vertikal hängende Rollbilder. Die ältesten erhaltenen Rollbilder Japans stammen aus der Heian-Zeit (794–1185). Chinesischen Vorbildern entsprechend zeigen sie buddhistische Motive.[3] Ein *Kakejiku* wird aus verschiedenen Elementen zu einem Gesamtkunstwerk zusammengefügt. Für die Vollendung bedarf es des Fachwissens mehrerer Experten. „Herzstück und Grundlage ist das *Honshi*"[4] – eine Kalligraphie oder Malerei erschaffen mit feinsten Materialien. Meist werden Papier oder Seide als Malgrund verwendet. Um das Werk optimal zur Geltung zu bringen und um eine nachhaltige Aufbewahrung zu gewährleisten, ist eine Verstärkung mit ausgewählten Papiersorten, Stoffen und die Montage auf speziellem Papier erforderlich.

1 Okakura Kakuzo: Das Buch vom Tee, Insel Verlag Berlin 2016, S. 47.

2 *Kakejiku* 掛軸 (wörtl. Übersetzung: Hängende Achse) zählen zu den *Kakemono*, die Bezeichnungen werden im japanischen Sprachgebrauch synonym verwendet.

3 Art Nomura: The History of Kakejiku Hanging Scrolls, https://nomurakakejiku.com/lesson_lineup/history-of-the-kakejiku

4 Vgl. Yoshio Fujita Hyōgu-Meister in 4. Generation「本紙は掛軸の命です。」(wörtl. Übersetzung: „Honshi ist das Leben des Kakejiku') in athometobira: Dokumentation #101, https://www.youtube.com/watch?v=ACjYlxU-Lml

CLAUDIA FORTAGNE

Kakejiku – Japanese Scroll Paintings

In the half-light of a traditional Japanese room, the gaze immediately falls on the *tokonoma*, a decorative recessed space in the wall. Here, in honour of guests assembled, and taking careful account of the particular occasion, a scroll painting is placed, selected from the family's own collection or a temple or other collection. Placed within the *tokonoma*, the image is carefully combined with other elements, for example an *ikebana* flower arrangement or well-shaped ceramic object. 'Everything else is selected and arranged to enhance the beauty of the principal theme [...] a real comprehension of the beautiful being possible only through concentration upon some central motif.'[1]

The introduction of Buddhism to Japan in the sixth century was of far-reaching importance for the development of the country's civilization. As well as Chinese characters, Japan adopted painting and craft techniques. As people strove to find forms of expression of their own culture, these borrowings were subject to further development.

Kakejiku[2] are scroll paintings and calligraphy which hang vertically. Japan's oldest surviving scroll paintings date from the Heian period (794–1185). These scrolls are based on Chinese models, making use of Buddhist motifs.[3] A *kakejiku* is assembled from several different elements, thus creating a complete work of art. The making of a *kakejiku* draws on the knowledge of experts in several fields. 'The *honshi* is both the heart and the foundation of the piece.'[4] The *honshi* is a calligraphic or painted work, created with the finest materials, usually painted on paper or silk. To show the work to best advantage and allow for sustainable storage, it is usually necessary to reinforce the work

1 Okasura Kakuzo: *The Book of Tea* (London: Macmillan, 2020 [1906]), p. 59.

2 *Kakejiku* 掛軸 (literally translated: hanging axis) is one of the *kakemono*: in Japanese, the terms are used synonymously.

3 Art Nomura: The History of kakejiku Hanging Scrolls, https://nomurakakejiku.com/lesson_lineup/history-of-the-kakej

4 Cf. Yoshio Fujita, a fourth generation hyōgu master「本紙は掛軸の命です。」(literal transaltion: "honshi is the life of the kakejiku"), as documented on the Athome-Tobira website: https://www.youtube.com/v=ACjYlxU-Lml

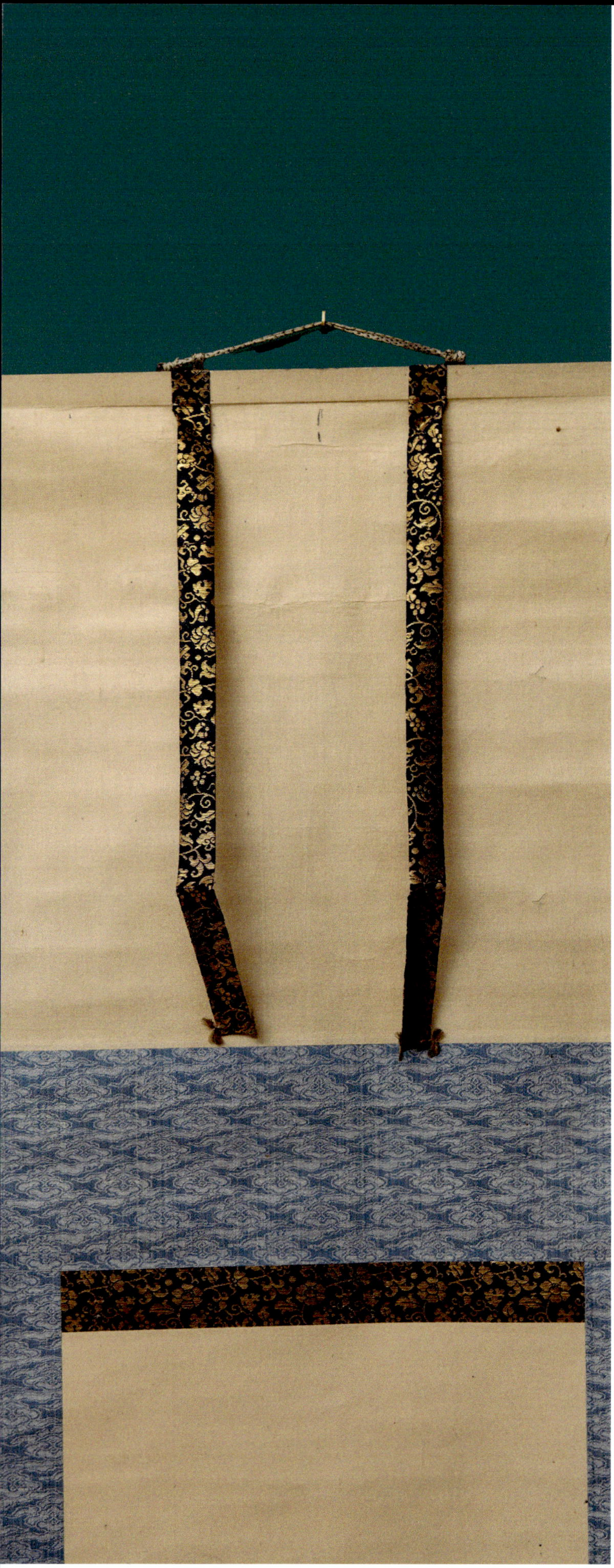

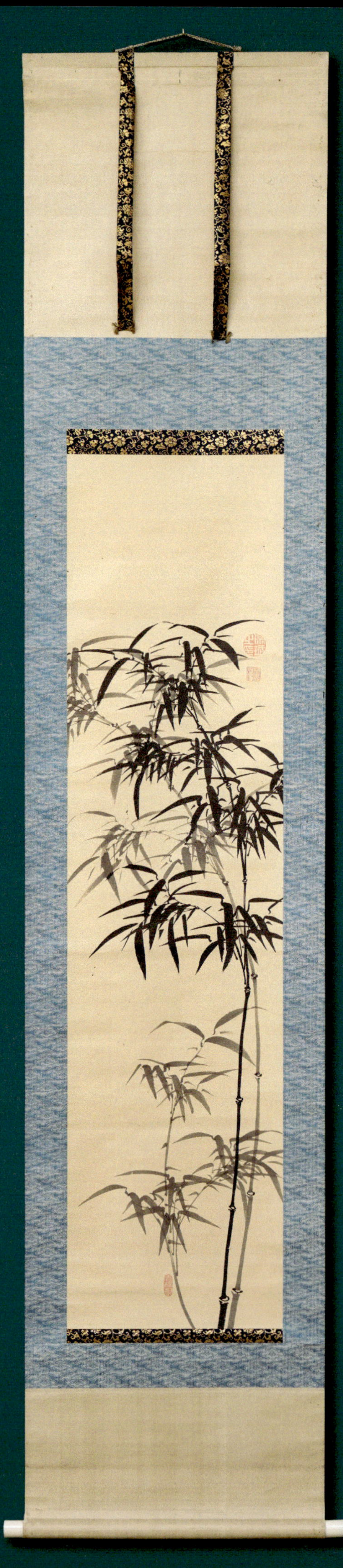

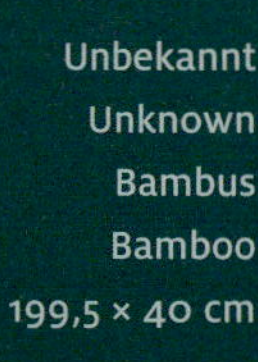

Unbekannt
Unknown
Bambus
Bamboo
199,5 × 40 cm

Die Bezeichnung *Hyōgu* etabliert sich Ende des 16. Jahrhunderts und bezieht sich auf die Herstellung und Restaurierung von *Kakejiku,* Schriftrollen und Wandschirmen. Eine Stilrichtung von *Hyōgu,* die typisch für japanische Rollbilder ist, wurde in Anlehnung an den chinesischen Song[5]-Stil entwickelt. Zunächst verleiht ein Hyōgu-Meister dem *Honshi* Festigkeit, indem er mehrere Schichten verschiedener Papierarten, mit besonderer Berücksichtigung der Faserung, auf das Trägermaterial kaschiert. Darauf folgt das Anordnen von Damast- und Goldbrokatstreifen um das *Honshi.*

Ein präziser Zuschnitt und die genaue Ausrichtung der Elemente sind essenziell, damit die einzelnen Segmente nach der Fertigstellung nicht augenscheinlich sind. Sorgsam werden die Stoffe ausgewählt und kombiniert. Die Muster müssen sowohl thematisch als auch farblich miteinander, vor allem jedoch mit dem Motiv, harmonieren, um es bestmöglich zur Wirkung zu bringen. Die Anzahl der Stoffe, deren Abmessungen und die Anordnung werden auf das *Honshi* abgestimmt. Am unteren Ende wird ein Stab eingearbeitet, der das Aufrollen des Bildes ermöglicht und der Beschwerung dient, so dass das Rollbild möglichst glatt hängt. Eine Hängevorrichtung wird am oberen Rand integriert. Der Schaffensprozess verlangt fortwährend höchste Aufmerksamkeit. Für das Funktionieren des ausgeklügelten Systems sind Details, wie beispielsweise ein etwa drei Millimeter breiter Saum auf der Rückseite, wesentlich. Im gerollten Zustand fungiert dieser als Abstandhalter, um ein Aneinanderreiben des *Honshi* zu vermeiden. Viele Rollbilder sind am oberen Ende mit zwei schmalen Seidenbrokatbändern *Fūtai* verziert. Es sind Überbleibsel aus der Zeit, als Rollbilder auch im Freien hingen. Da die *Fūtai* im Wind flattern, dienten sie ursprünglich dazu, Vögel fernzuhalten. Im japanischen Rollbild sind eindrucksvoll Ästhetik und Funktionalität vereint.

Mühelos und platzsparend lässt sich das Rollbild in einem maßgefertigten Kasten aus Paulownien-Holz[6] – *Kiribaku* – verstauen, denn die Kunstwerke sind nicht dafür gedacht, dauerhaft zur Schau gestellt – sondern vielmehr anlassgemäß ausgetauscht zu werden.

5 Song-Dynastie des Kaiserreichs China (960–1279).

6 In Ostasien wird Paulownia-Holz (*Kiri*) seit mehr als 2.000 Jahren verwendet. Es zeichnet sich durch eine einzigartige Kombination von Leichtigkeit und Festigkeit aus, ist einfach zu verarbeiten, extrem formstabil und besitzt sehr gute Dämmeigenschaften. Das Holz bietet nachhaltigen Schutz in schwankenden Temperatur- und Feuchtigkeitsbedingungen.

with specially selected fabrics and varieties of paper. It is then mounted on a specific kind of paper.

Around the end of the sixteenth century, the term *hyōgu* came to refer to the production and restoration of *kakejiku,* scrolls, and screens. One style of *hyōgu*, typical of Japanese scroll paintings, developed under the influence of the Chinese Song style.[5] First, a *hyōgu* master strengthens the *honshi* by laminating several layers of paper, each of a different kind, onto its surface, paying particular attention to the grain. Strips of damask and gold brocade are then arranged around the *honshi.*

Precise cutting and the exact alignment of the various elements are essential, so that individual elements are not visible as such when the piece has been completed. Materials are carefully selected and combined: for the best effect, the different patterns must harmonize in themes and colours, but above all in terms of motifs. The number of fabrics, their respective size and the overall arrangement are all adapted to the particular *honshi.* A wooden pole is worked into the bottom of the scroll: this allows the image to be rolled, while its additional weight also means the scroll hangs as smoothly as possible. The hook used to hang the piece is incorporated into the top edge. The making of the piece requires constant attention: for this sophisticated system to function, all details must cohere, including the three millimetre wide seam at the back of the piece. When the piece is rolled up, this seam serves to prevent different *honshi* from rubbing against each other. Many scroll paintings are decorated at the upper edge with two narrow silk brocade ribbons, known as *fūtai.* These ribbons survive from a time when scroll paintings hung outdoors; at that time, the *fūtai* fluttered in the wind to keep birds at bay. In all of these ways, Japanese scroll paintings impressively combine aesthetics with functionality.

These works of art are not meant for permanent display. Instead, they are stored so that any individual scroll can be put in place as the occasion arises. The *kiribaku* – a custom-made box of paulownia wood – allows for easy and efficient storage of the scroll painting.[6]

5 The Imperial Chinese Song dynasty (960–1279).

6 Paulownia wood (*kiri*), characterized by a unique combination of lightness and strength, has been used in East Asia for more than two thousand years. The wood is easy to work with and has great dimensional stability and excellent properties of insulation, offering lasting protection against fluctuating temperatures and humid conditions.

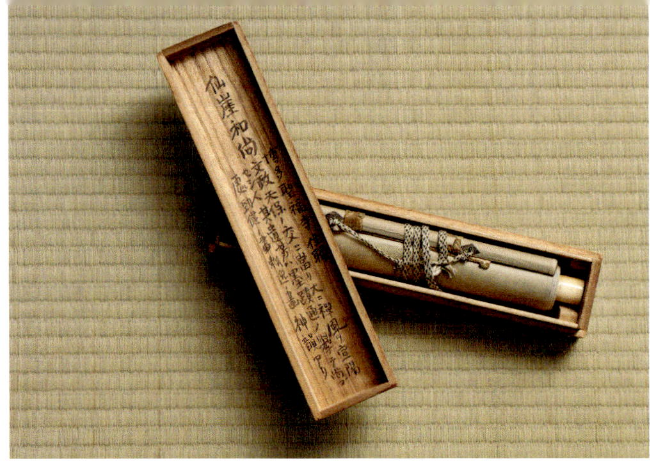

Im 12. Jahrhundert beginnt die Verbreitung des Zen-Buddhismus in Japan. Damit geht eine steigende Nachfrage nach Portraits von Bodhidharma[7] sowie von Zen-Meistern einher und es erfolgt die erneute Hinwendung zur chinesischen Kultur. Beides zeigt sich auch in der zunehmenden Beliebtheit der Teezeremonie. Der Tee wird in ritueller Zeremonie dem Gast in der Nähe der *Tokonoma* gereicht. Chinesische Kalligraphien und Tuschmalereien mit Naturmotiven – insbesondere Berg- und Flusslandschaften – werden zu Impulsgebern für die japanischen Künste. Das folgende Zitat gibt Aufschluss darüber, welch hoher Wert Kunstwerken beigemessen wurde: „Die Teemeister hüteten ihre Schätze mit religiöser Geheimhaltung [...]. Zur Zeit, da der Teeismus im Aufsteigen begriffen war, waren die Generäle des Taiko, wenn man ihnen als Siegespreis ein seltenes Kunstwerk überreichte, zufriedener als mit der Belehnung großer Ländereien."[8]

Aus der Verbindung der Philosophie des Zen-Buddhismus mit der Teezeremonie resultiert *Wabi Cha*[9] – die Wahrnehmung der Schönheit durch die Reduktion auf das Wesentliche – und prägt bis in die Gegenwart die Ästhetik japanischer Teehäuser wie auch die traditioneller Wohnräume. Die *Tokonoma* ist ein charakteristisches Element. Hier wird das *Kakejiku* bestmöglich in Szene gesetzt, sei es eine minimalistisch-monochrome Tuschmalerei nebelverhangener Berge, die Kalligraphie eines Zen-Meisters oder eine dezent-farbige Abbildung floraler Motive der Jahreszeit entsprechend. Das *Kakejiku* unterstützt die bewusste Wahrnehmung des gegenwärtigen Moments im gemeinsamen Streben nach Harmonie.

7 Bodhidharma (japanisch *Daruma*) ist ein aus Indien stammender buddhistische Mönch. Er gilt als legendenumwobener Gründer des Chan-Buddhismus in China. In Japan wird dieser unter der Bezeichnung Zen-Buddhismus in verschiedenen Ausprägungen weiterentwickelt.

8 Vgl. Okakura,Kakuzo: Das Buch vom Tee, Verlag Projekt Gutenberg-DE, Kindle-Version, Pos. 610.

9 Die drei Hauptverantwortlichen für die Entwicklung des *Wabi Cha* – Tee des stillen Geschmacks – sind Murata Jukō (1422–1502), Takeno Jōō (1502–1555) und Sen no Rikyū (1522–1591). Vgl. https://japanlink.de/medien-kultur/kunsthandwerk/begruender-der-tee-kunst/

Zen Buddhism began to spread to Japan in the twelfth century. This process meant increasing demand for portraits of Bodhidharma[7] and Zen masters, as well as a renewed turn to Chinese culture in general. Both of these developments were reflected in the increasing popularity of the ritual tea ceremony, in which tea is served for the guest in close proximity to the *tokonoma*. Chinese calligraphy and ink paintings with natural subject matter – above all, mountain scenes and river landscapes – became a source of inspiration for Japanese arts. The following quote suggests the high value placed on works of art: 'The tea masters guarded their treasures with religious secrecy [...] While "teaism" was on the rise, the Taiko generals, if given one of these rare works of art as victory prize, were happier than they were with the gift of large landed estates.'[8]

The combination of the tea ceremony and Zen Buddhist philosophy produced the style known as *wabi cha*.[9] This style primarily perceives beauty in terms of a reduction to essentials; even today, it continues to shape the aesthetics of Japanese tea houses as well as traditional living spaces in the country. The *tokonoma* is a characteristic element: the place where the *kakejiku is* presented in the best possible way, whether a minimalist, monochrome ink painting of misty mountains, the calligraphy of a Zen master, or a discreetly-coloured illustration of seasonal floral motifs. *Kakejiku* forms the basis for conscious awareness of the present moment, as part of a shared pursuit of harmony.

7 Bodhidharma (*daruma* in Japanese) was a Buddhist monk from India, considered to be the legendary founder of Chan Buddhism in China. In Japan, this style of Buddhism was further developed in a number of ways, known by the name Zen Buddhism.

8 Cf. Okasura Kakuzo: *The Book of Tea* (London: Macmillan, 2020 [1906]), p. 70.

9 The three figures involved in the development of *wabi cha* were Murata Jukō (1422–1502), Takeno Jōō (1502–1555) und Sen no Rikyū (1522–1591). See https://japanlink.de/medien-kultur/kunsthandwerk/begruender-der-tee-kunst/

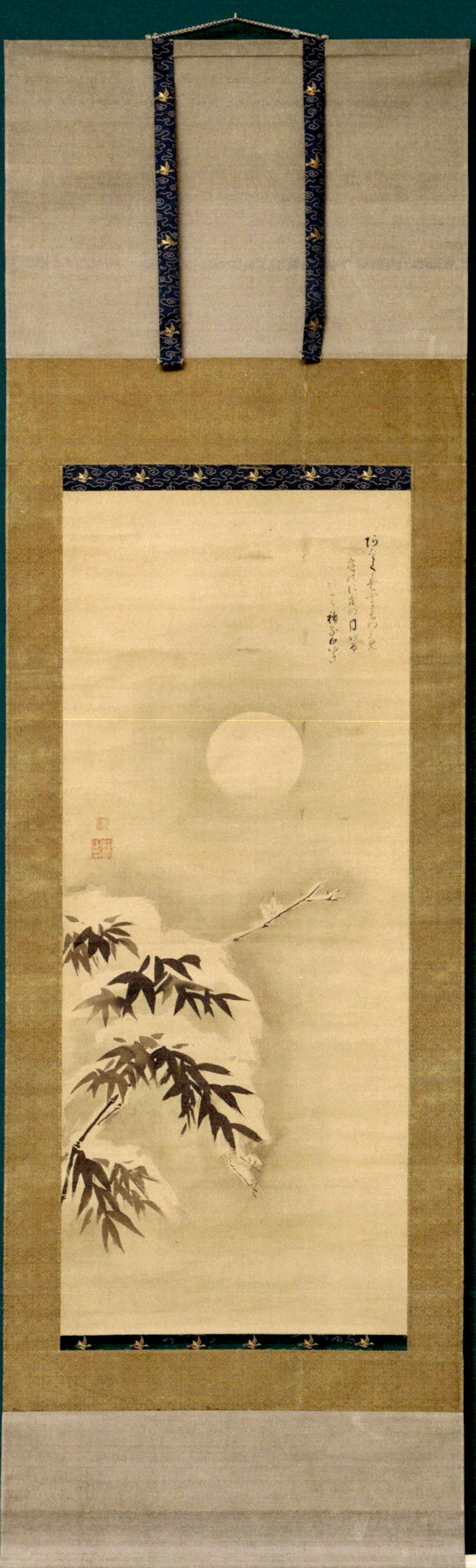

Takanaga Washio
1671–1736
Schneebedeckter Bambus und Mond
Snow-covered Bamboo and Moon
186 × 56 cm

Waka-Gedicht
von Motonaga Higashizono:
Zu Neujahr ein junger
Spross verborgen,
ein Garten im Mondlicht,
derweil fällt weißer Schnee.

A young sprout hidden
at New Year,
A garden in the moonlight,
As white snow falls.

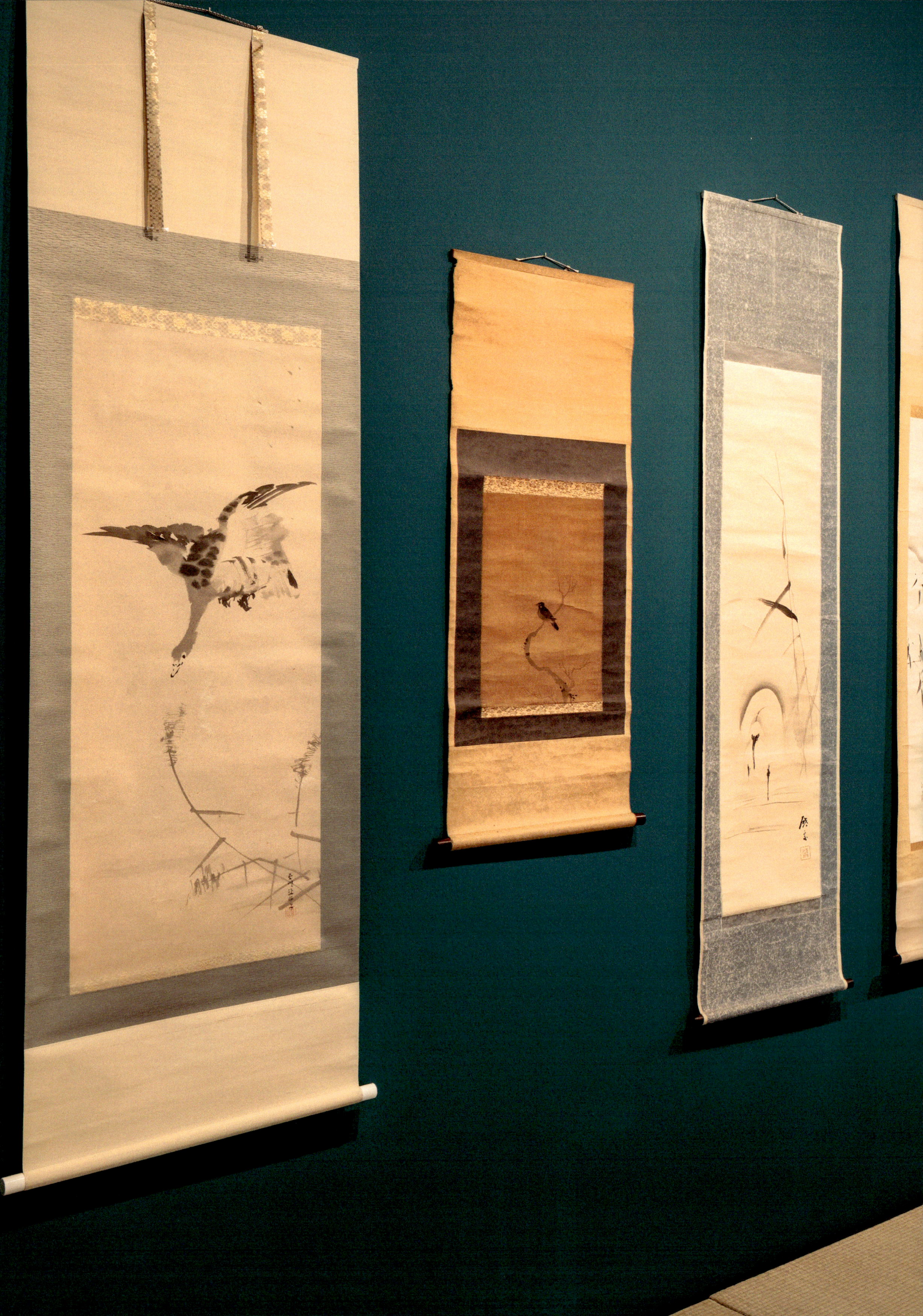

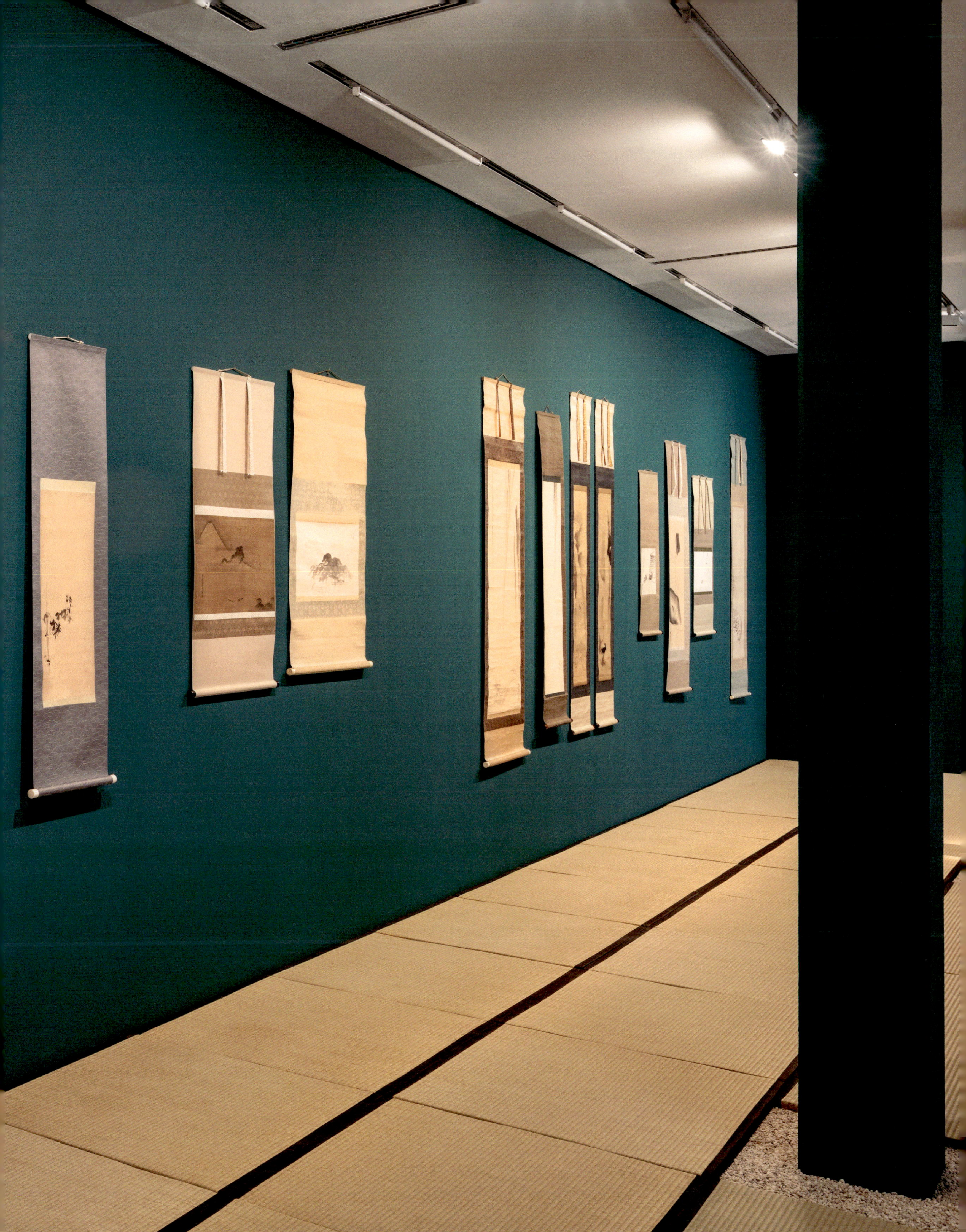

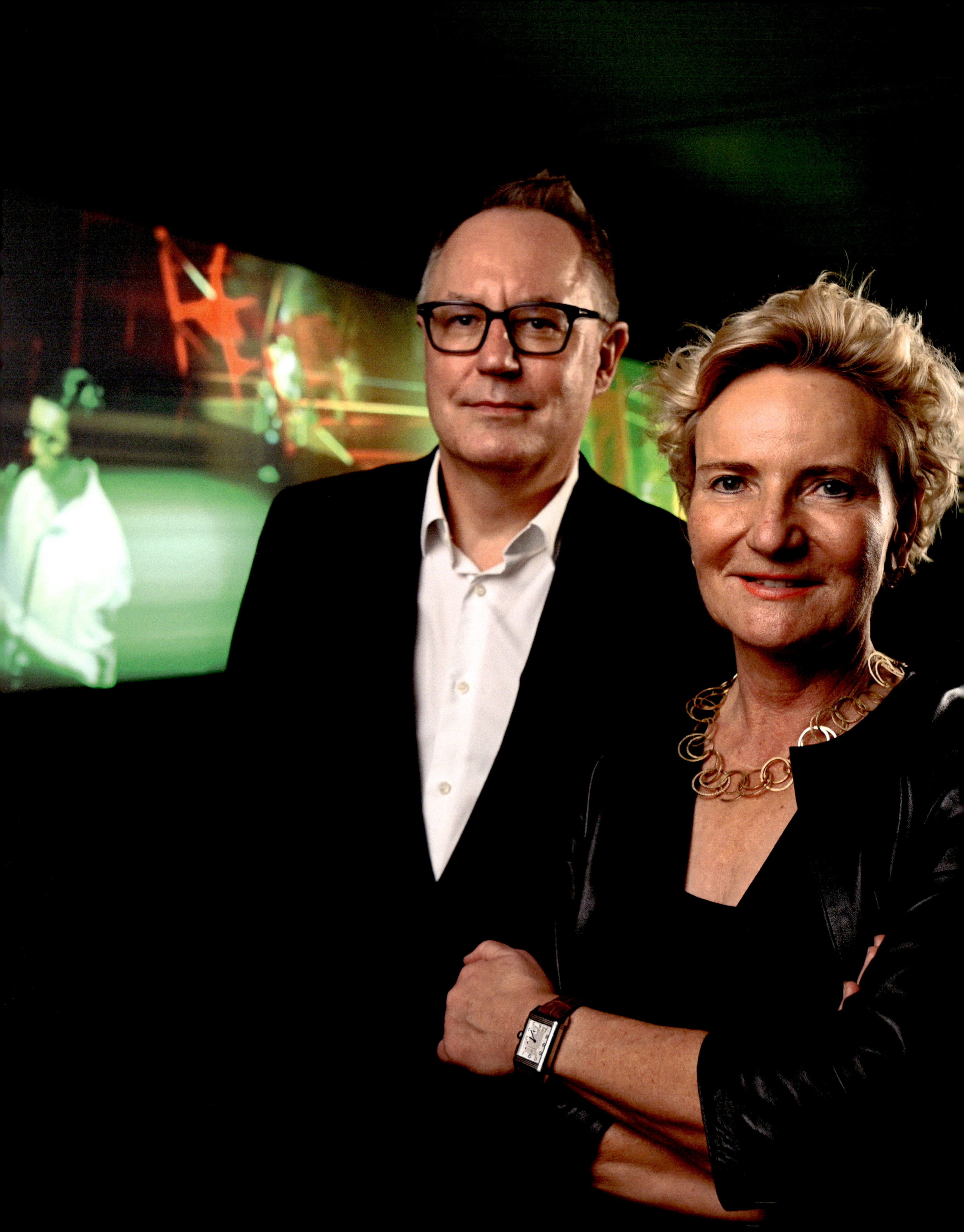

ADAM BUDAK

Anabasis

Eine Welt aus Tau
Und in jedem Tautropfen
Eine Welt des Kampfes
Kobayashi Issa

Eine Welt aus Tau, und in jedem Tautropfen, eine Welt des Kampfes, eine Ausstellung mit über 40 japanischen Rollbildern aus der Sammlung der Dr. Christiane Hackerodt Kunst- und Kulturstiftung, ist die letzte Ausstellung des Ausstellungsprogramms 2023 der Kestner Gesellschaft. Kernthema des Programmes ist der Begriff der Anabasis.

I

Dem Dichter Paul Celan folgend, bezeichnet *anabasis* – sowohl metaphorisch als auch poetisch – die Möglichkeit eines Weges, des Weges der anschaulichen Klärung. Das Wort deutet auf die Gleichzeitigkeit von ›hinauf und zurück‹[1] hin: eine semantische Paarung von „abreisen" und „zurückkommen", die, laut dem Philosophen Alain Badiou, zu einem Jahrhundert passt, in dem unaufhörlich gefragt wird, ob es ein Ende oder ein Anfang sei.[2]

Die erste Bedeutung des Wortes anabasis ergibt sich mehr oder weniger logisch aus seinen Wurzeln. In der altgriechischen Sprache bedeutete das Wort ursprünglich „Binnenmarsch"; es leitet sich von anabainein ab, einem Wort, das in etwa „nach oben oder ins Landesinnere gehen" bedeutet und durch eine Kombination des Präfixes ana- („nach oben") mit dem Verb bainein („gehen") gebildet wird. Der zweite und entgegengesetzte Sinn des Begriffes stammt jedoch aus einer spezifischen, missglückten Anabasis. Im Jahre 401 v. Chr. marschierten griechische Söldner, im Auftrag von Kyros dem Jüngeren, in das Persische Reich ein, wo sie sich schließlich im Landesinneren wiederfanden, hunderte Kilometer von ihrer Heimat entfernt. So sahen sie sich gezwungen, einen beschwerlichen und umkämpften Rückzug durch unbekannte Gebiete zu un-

1 Paul Celan, „Anabasis" in: Paul Celan, *Die Niemandsrose. Sprachgitter. Gedichte*, Fischer TB 2017, S. 61.
2 Vgl. Alain Badiou, *The Century*, Polity Press 2007, S. 81–97.

ADAM BUDAK

Anabasis

A World of Dew
And Within Every Dewdrop
A World of Struggle
Kobayashi Issa

"A World of Dew, And Within Every Dewdrop, A World of Struggle", the exhibition of over 40 Japanese scroll paintings from the Collection of Dr Christiane Hackerodt Foundation for Art and Culture, concludes the Kestner Gesellschaft's 2023 annual exhibition program which has been drafted around the notion of anabasis.

I

Metaphorically – and poetically – anabasis, following the poet Paul Celan, marks the possibility of the path, the path of a sensible clearing. It indicates simultaneity of 'hinauf und zurück'[1], meaning both 'to embark' and 'to return', a semantic pairing, which for the philosopher Alain Badiou, suits a century that ceaselessly asks itself whether it is an end of a beginning[2].

The first sense of anabasis follows logically enough from its roots. In Greek, the word originally meant "inland march"; it is derived from anabainein, meaning "to go up or inland", which is formed by combining the prefix ana- ("up") and bainein ("to go"). The second and opposite sense, however, comes from an anabasis gone wrong. In 401 B.C., Greek mercenaries fighting for Cyrus the Younger marched into the Persian Empire only to find themselves cut off hundreds of miles from home. As a result, they were forced to undertake an arduous and embattled retreat across unknown territories. Xenophon, a Greek historian who accompanied the mercenaries on the march, wrote the epic narrative Anabasis about this experience, and consequently anabasis came to mean a dramatic retreat as well as an advance.

1 Celan, Paul, Anabasis, in: Celan, Paul, Die Niemandsrose. Sprachgitter. Gedichte, Fischer TB 2017, p. 61.
2 Cf. Badiou, Alain, The Century, Polity Press 2007, pp. 81–97.

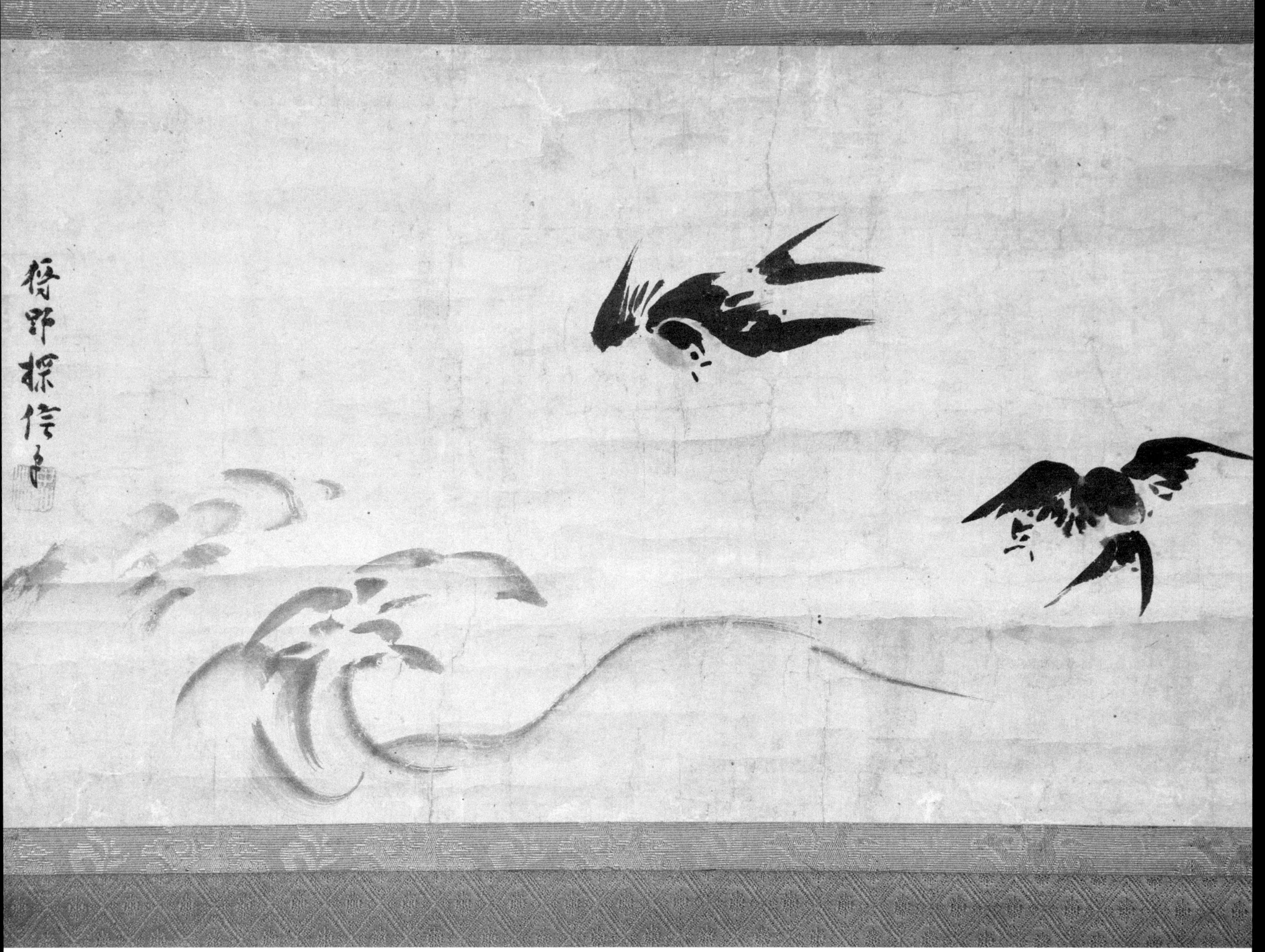

Tanshin Kanō (Morimasa) 1653–1718
Schwalben über Wellen

Swallows above Waves
117 × 63,5 cm

ternehmen. Über dieses Erlebnis schrieb der griechische Historiker Xenophon, der die Söldner auf dem Marsch begleitete, seine epische Erzählung Anabasis. Das Wort anabasis meint deswegen sowohl einen dramatischen Rückzug als auch einen Vormarsch.

Als solches, im Sinne von „Wiederaufstieg in Richtung einer Quelle, eine mühsam konstruierte Neuerung, eines im Exil erfahrenen Anfangs“ verstanden, beschreibt anabasis den Weg einer „Heimkehr“, den Weg verlorener Männer, fehl am Platz und außerhalb des Gesetzes. Der Kern der anabasis ist sowohl das Prinzip der Verlorenheit als auch die Notwendigkeit, „das eigene Schicksal zu erfinden, eine Wanderung, die eine Rück-

As such, understood as “a re-ascent towards the source, an arduous construction of novelty, an exiled experience of beginning”, anabasis indicates a trajectory of the “homeward” movement, the movement of lost men, out of place and outside the law. Both a principle of lostness as well as a necessity “to invent its destiny and a free invention of a wandering that will have been a return, a return that did not exist as a return-route prior to the wandering”, lie at the core of anabasis.

A ritual of homecoming and a critical revision of the past, the sense of I and we, together, intercultural dialogue as well as the sense of eloquence and discipline contribute to the contemporary understanding of anabasis.

kehr gewesen sein wird, ein Rückweg, der vor dem Wandern nicht existierte."

Ein Ritual der Heimkehr und eine kritische Überarbeitung der Vergangenheit, der Bedeutung von ich und wir, von mitsammen, ein interkultureller Dialog als auch ein Gefühl von Disziplin und Beredsamkeit: All diese Elemente tragen zum zeitgenössischen Verständnis von anabasis bei.

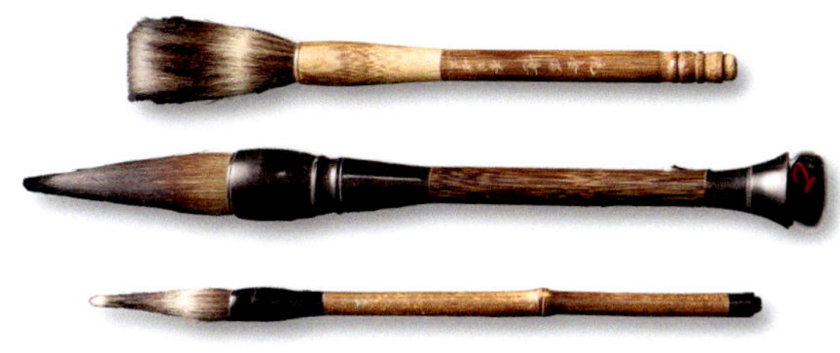

II

Das ist der Kontext von *Eine Welt aus Tau, und in jedem Tautropfen, eine Welt des Kampfes* – der Ausstellung japanischer Rollbilder aus der Sammlung Dr. Christiane Hackerodt. Hier wird eine künstlerische Intimität geschaffen, eine Zusammensetzung aus Nachdenkens- und Meditationshandlungen, der Reflexion über die Natur und den menschlichen Zustand, dem Gefühl der Resilienz und Emanzipation und einer Vorstellung der Zeitlosigkeit. Diese Intimität entspricht dem japanischen Wort chikaku, ein Begriff, der auf ein Gefühl deutet sowohl von Nähe als auch von Wahrnehmung, ein Gefühl von poetischer und sinnlicher Natur.

Der Titel *Eine Welt aus Tau, und in jedem Tautropfen, eine Welt des Kampfes* greift auf einen der schönsten Haikus in der Geschichte der japanischen Poesie zurück, verfasst im 18. Jahrhundert von Kobayashi Issa. Issa war ein hochangesehener Meister dieser literarischen Form, der sogenannte Priester Issa des Haiku-Tempels, und Autor von mehr als 20.000 Haikus. Die Poesie von Issa bleibt universell und ist immer noch aktuell, sowohl wegen ihrer Mischung aus Freude, Trauer und Not als auch wegen ihrer Empathie für die Schwächeren und Machtlosen. Im Haiku *Eine Welt aus Tau* ist Issa der trauernde Vater, dessen Leben von intensiven Gefühlen des Exildaseins und der Ablehnung geprägt wurde, von tiefem, persönlichem Verlust gezeichnet. Er denkt über die Bedeutung des Lebens nach, wie auch über die Flüchtigkeit und Vergänglichkeit menschlichen Daseins und die Schönheit der umgebenden Natur. Eine Kombination von Melancholie, Tod und Verlust, und ein klares Gefühl von Akzeptanz und Nicht-Widerstand, spiegelt die tiefgreifende Auseinandersetzung des Dichters mit der Lehre des Zen-Buddhismus wider; seine andauernde Liebe zur leidenden Menschheit, sogar zu Tieren, Insekten und Pflanzen, bringt ein ausgeprägt buddhistisches, spirituelles Mitgefühl zum Ausdruck. Morgentau, Schatten und Schattierungen: Diese Welt ist eine Tautropfenwelt. Nichts auf der Welt dauert an, alles und jeder muss ins Nichts verschwinden, wie Tautropfen in

II

This is the contextual habitat of the exhibition of the Japanese scroll paintings from the collection of Dr Christiane Hackerodt: "A World of Dew, And Within Every Dewdrop, A World of Struggle"; here an act of contemplation and meditation, a reflection upon nature and human condition, along with a sense of resilience and emancipation and a notion of timelessness generate an artistic intimacy which corresponds with the Japanese chikaku, a term that indicates both a feeling of nearness and perception, its poetic and sensory nature.

The title of the exhibition „A World of Dew, And Within Every Dewdrop, A World of Struggle" appropriates one of the most beautiful haiku in the history of Japanese poetry, written by a distinguished master of this literary form, the 18th century poet Kobayashi Issa, Priest Issa of Haiku Temple, the author of over 20 000 haiku poems. Joy, sadness and hardship as well as the empathy for the weak and powerless make Issa's poetry universal and relevant today. In A World of Dew, Issa, a grieving father, whose life was shaped by intense feelings of exile and rejection, and punctuated by deep personal loss, is contemplating the meaning of life, its ephemerality and impermanence, and the beauty of a surrounding nature. Melancholy, death and loss, clear sense of acceptance and non-resistance reflect the author's deep engagement with the teachings of Zen; his abiding love for suffering humanity, even for animals, insects, and plants expresses a devoutly Buddhist spiritual compassion. Morning's raindrops, shadows and shades, this world is a dewdrop world; nothing lasts in this world, everything – everyone – must fade into nothingness, like a dewdrop in the morning sun; nevertheless, in all its humbleness and modesty, in a realm of empathy, it is a „world of struggle" …

In haiku, an everyday occurrence, such as a frog hopping into the water, reveals the timeless dimension of nature in a sudden burst (the splash of the water). As Krystyna Wilkoszewska points out, to describe both the moments that followed,

der Morgensonne; nichtsdestotrotz ist die Welt, in aller Demut und Bescheidenheit, im Bereich der Empathie dennoch eine „Welt des Kampfes" ...

Im Haiku offenbart ein alltägliches Vorkommnis – ein Frosch, zum Beispiel, der ins Wasser hineinhüpft – plötzlich die Dimension der Zeitlosigkeit in der Natur. In diesem Beispiel verleiht das Aufspritzen des Wassers dieser Offenbarung Gestalt. Wie Krystyna Wilkoszewska festgestellt hat, führte der Dichter Matsuo Basho im 17. Jahrhundert – für seine Leistung in der Entwicklung der 17-silbigen Form des Haikus wurde Basho als unsterblich bezeichnet – die Begriffe fueki und ryuko ein, um die beiden Momente des poetischen Ereignisses zu beschreiben. Fueki und ryuko bestimmen sich gegenseitig; der erste Begriff wird zur metaphysischen Basis des zweiten. Wie der japanische Philosoph Toshihiko Izutsu erklärt: „Die ganze Struktur von dem Haiku ist aber so gestaltet, dass, je stärker der Ausdruck des Schwunges von phänomenaler Vergänglichkeit (ryuko), desto erhöhter und intensivierter ist das verborgene Potenzial der nicht-phänomenalen Beständigkeit (fueki)."[3] Die Enthüllung der zeitlosen nicht-phänomenalen Beständigkeit innerhalb der zeitlichen Kunst der Poesie wird aber durch die üblicherweise kurze Form des Haiku – begrenzt auf 17 Silben – ermöglicht. Diese Kürze negiert das lineare Wesen der Sprache und setzt auf assoziative Bedeutungen. Mit dem Haiku sehen wir die Bemühungen, den zeitgebundenen Bestand des Mediums (Wortsequenzen) zu verlassen, mit der Absicht, eine räumliche Dimension (semantisch-assoziative Sprachfelder) zu erreichen. Raummetaphern sind viel besser geeignet, fueki zum Ausdruck zu bringen, als Metaphern der Zeit, die grundsätzlich zum Bereich der ryuko gehören, d.h. der Sphäre vergänglicher Phänomene.

Izutsu zufolge bewegt sich der metaphysische Hintergrund der japanischen Ästhetik zwischen der Zeitlichkeit, Zerbrechlichkeit und Vergänglichkeit der Welt der Phänomene und der anhaltenden Ewigkeit der nicht-phänomenalen Welt der Nichtigkeit. Letztlich streben sowohl fast alle Künste (Poesie, Theater, Malerei, Kunst des Tees und noch weitere) als auch grundsätzliche ästhetische Kategorien, z.B. yugen, nach dem Erlangen einer Wirklichkeit jenseits der menschlichen Existenz und außerhalb der Welt der Dinge. Dieses Bestreben wird realisierbar, wenn sich die Vergänglichkeit der Phänomene in ihrer sinnlichsten Form mit der Dimension vermischt, die als konstant, dauerhaft und zeitlos charakterisiert wird.

the 17th century poet Matsuo Basho – who was awarded immortal for his achievements in the development of the 17-syllable haiku poem – introduced the terms fueki and ryuko, which qualify each other, with the first becoming the metaphysical basis of the second as its expression. As the Japanese philosopher Toshihiko Izutsu explains: "The whole structure of haiku is, however, so made that the stronger the momentum of phenomenal transiency (ryuko) expressed, the more elevated and intensified is the hidden potential of non-phenomenal constancy (fueki)."[3] The revealing of a timeless non-phenomenal constancy in the temporal art of poetry is made possible by the usually short form of the haiku, limited as it is to 17 syllables. This brevity negates the linear essence of language, and in its place fields of associative meanings spread out. With the haiku, we see the efforts made to leave the temporal character of the medium (sequence of words) with the aim to attaining a spatial dimension (associative semantic fields). Metaphors of space are far better suited to the expression of fueki than metaphors of time, which belong to ryuko, i.e. the sphere of transient phenomena.

According to Izutsu, the metaphysical background of Japanese aesthetics stretches between the temporality, frailty and transience of the world of phenomena and the prolonged eternity of the non-phenomenal world of nihility. Almost all the arts (poetry, theatre, painting, the art of tea and others), just like the basic aesthetic categories such as yugen, ultimately aspire to attain a reality that lies outside human existence and the world of things. This aspiration will become realisable when the transience of phenomena in their most sensory form mingle with the dimension characterised as constant, permanent, and timeless.

Kōchō Ueda 1788–1850
Frosch auf Lotusblatt
Frog on Lotus Leaf
171,5 × 50,5 cm

3 Vgl. Wilkoszewska, Krystyna, „A Journey With Artists Through Time and Space", in: *Chikaku. Zeit und Erinnerung in Japan*, hrsg. Budak, Adam und Pakesch, Peter, Kunsthaus Graz, 2005, S. 74–87.

3 Cf. Wilkoszewska, Krystyna, "A Journey With Artists Through Time and Space", in: *Chikaku. Time and Memory in Japan*, ed. Budak, Adam, Pakesch, Peter, Kunsthaus Graz 2005, pp. 74–87.

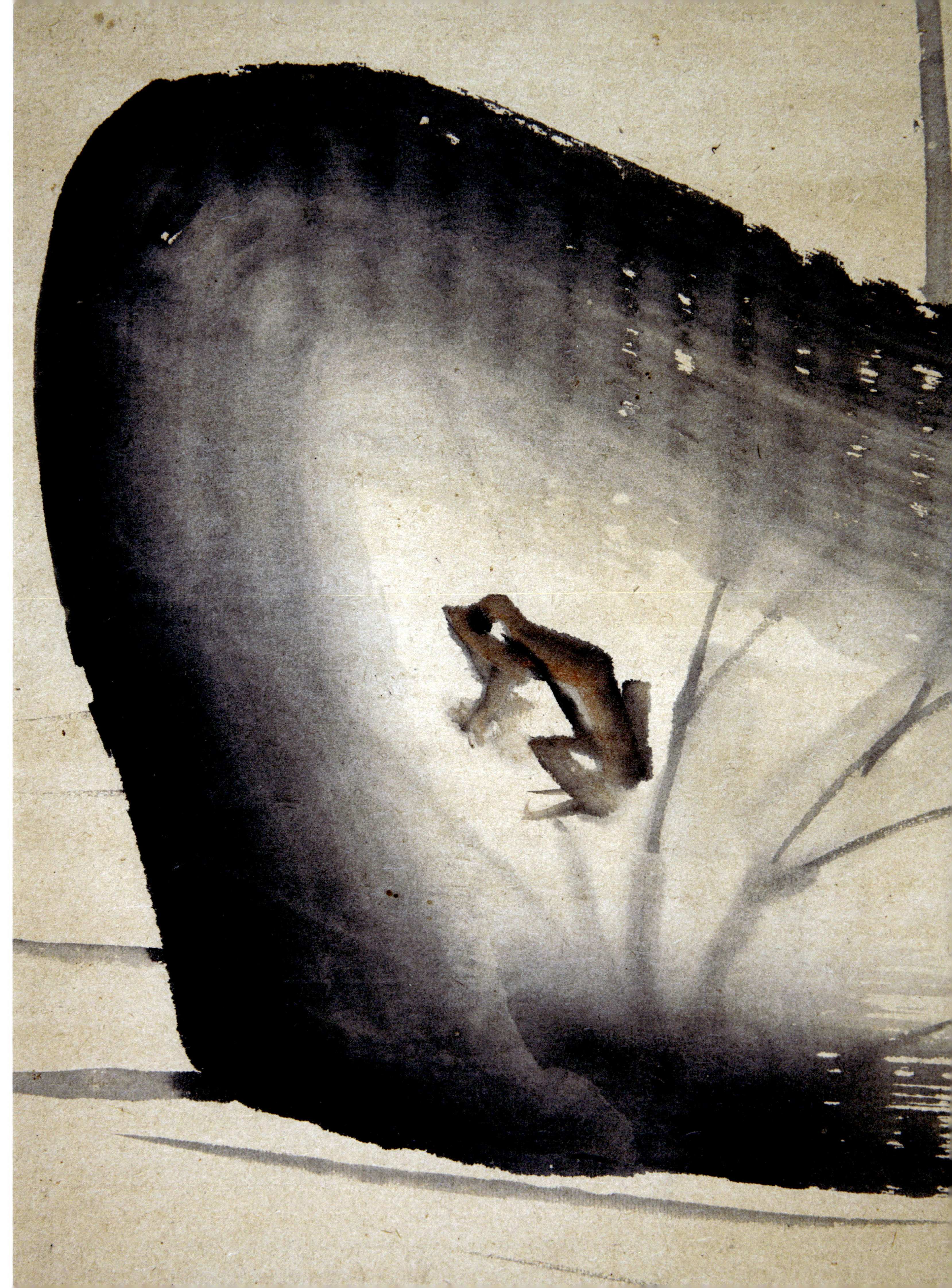

Tanshin Kanō (Morimichi)
1785–1835
Alter Pflaumenbaum
Old Plum Tree
172 × 30 cm

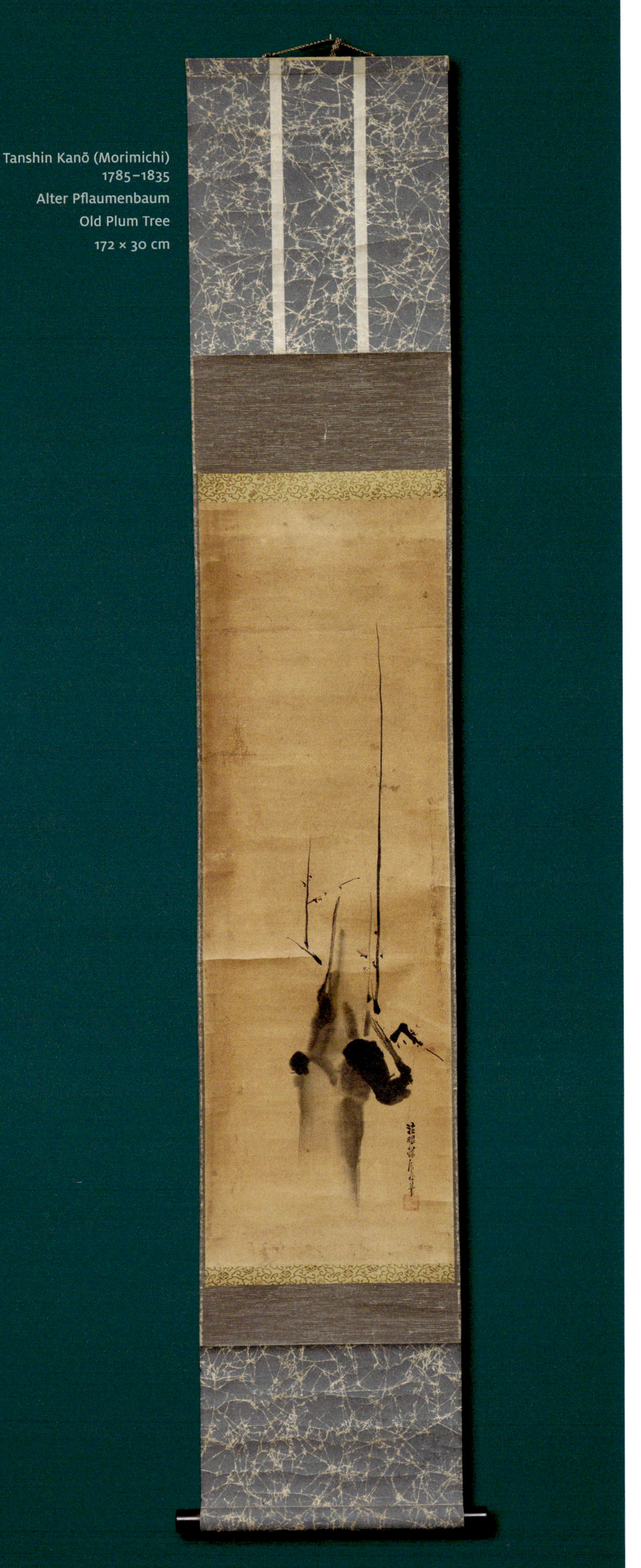

Solche Qualitäten sind in der Sammlung der Japanischen Rollbilder (kakemonos) in *Eine Welt aus Tau, und in jedem Tautropfen, eine Welt des Kampfes* klar zu erkennen. Die Ausstellung lädt uns zu einer faszinierenden Reise durch mehr als fünf Jahrhunderte künstlerischer Arbeit ein, die auf einer faszinierenden Vielfalt der Techniken fußt, die von Generation zu Generation von Meistern weitergegeben wurden, oft innerhalb der eigenen Familien. Damit werden die verschiedenen Malschulen und ihre jeweiligen Kunstwerke zu Zeitkapseln gesellschaftlicher und politischer Umbrüche.

Die Rollbilder in der Ausstellung schließen alle wichtigsten Motive von kachō-ga mit ein, mit Schwerpunkt auf den Jahreszeiten und auf den beliebtesten Naturthemen: Landschaften mit Blumen und Tieren, Vögel und Insekten eingeschlossen. Sowohl Vergänglichkeit als auch Resilienz werden betont, noch dazu die Zerbrechlichkeit der Natur und ihre Beziehung zu den Menschen. Die Gemälde sind hier kraftvolle Reflektionen zu Zeit und Erinnerung und eröffnen dem Betrachter die Geheimnisse der Schönheit, die Einfachheit der Natur, ihre Zärtlichkeit und Verletzlichkeit als Metaphern für das Menschsein und seine Sensibilität.

Such qualities are to be found in the collection of Japanese scroll paintings (the so called kakemonos) in the exhibition "A World of Dew, And Within Every Dewdrop, A World of Struggle" which invites us to a fascinating journey through over five centuries of artistic production, based upon a fascinating variety of the masters' techniques that were handed down over generations and often passed on within the families, making the schools of paintings and the respective artworks a time capsule of societal and political upheavals.

The scroll paintings in the exhibition "A World of Dew, And Within Every Dewdrop, A World of Struggle" represent all major motifs of kachō-ga with a focus on the seasons of the year and the most popular natural subject matters – landscapes with flowers and animals, including birds and insects. Emphasising both, the transience and resilience, as well as the fragility of nature and its relationship towards humans, the paintings are the powerful reflections on time and memory; accessing the mysteries of beauty, they touch upon a simplicity of nature, its tenderness and vulnerability as metaphors for human condition and its sensibility.

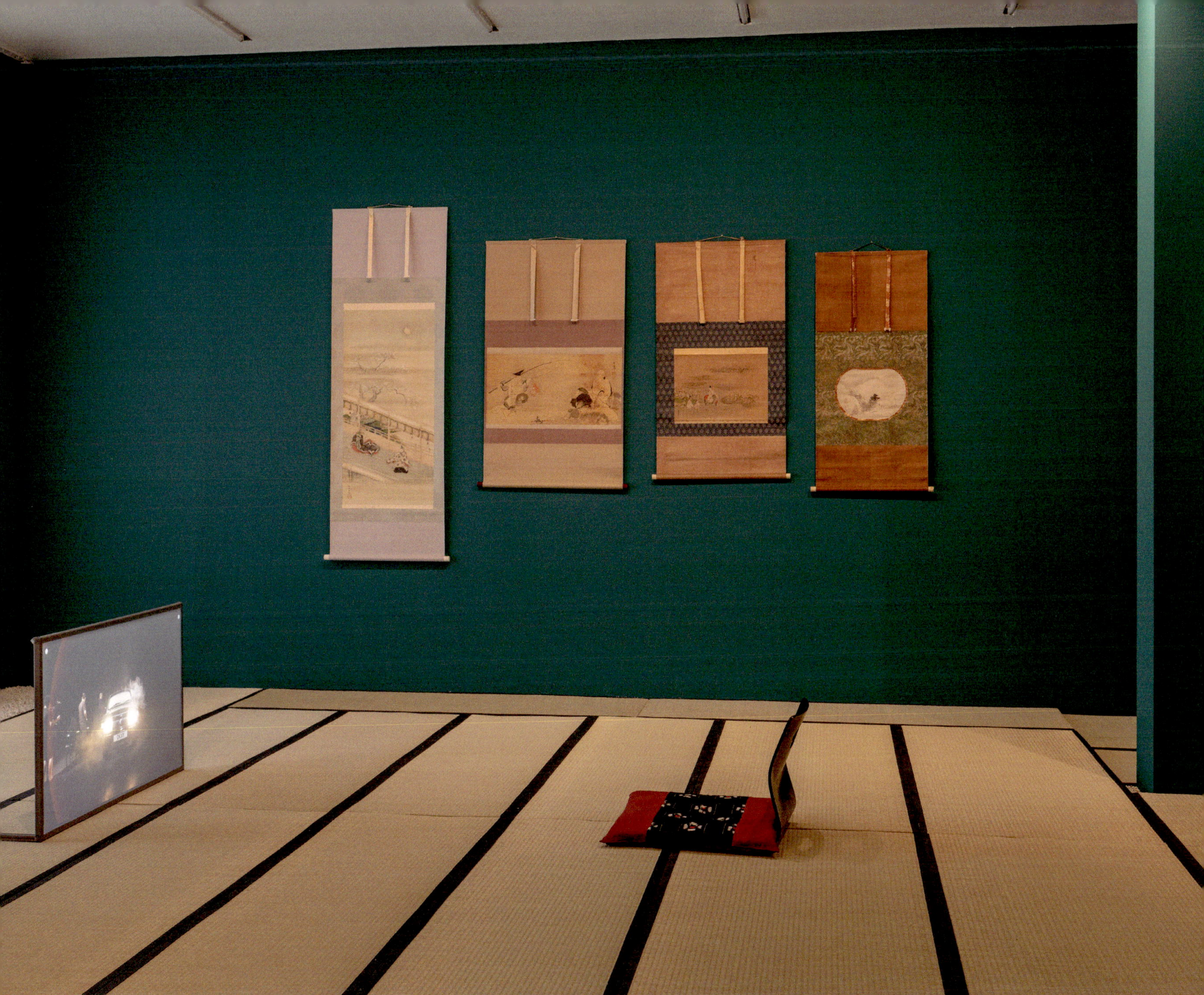

III

Um den Dialog zwischen den Traditionen der Vergangenheit und die gegenwärtige Sensibilität zu verstärken, umfasst die Ausstellung auch zwei zeitgenössische künstlerische Positionen – plastische Werke des japanischen Künstlers Morio Nishimura (*1960, Tokio) und eine Videoarbeit des chinesischen Künstlers Samson Young (*1979, Hongkong).

Nishimuras Skulptur aus Bronze, *Sweet Rain – B19* (2010), stellt ein offenes, auf einer Seite eingerolltes Lotusblatt dar (s. S. 30). Der Titel bezieht sich auf eine wichtige Eigenschaft

III

To amplify a dialogue between the past traditions and today's sensitivity, the exhibition "A World of Dew..." includes two contemporary artistic practices – sculptural works by Japanese artist Morio Nishimura (born 1960 in Tokyo) and cinematic work by Chinese artist Samson Young (born 1979 in Hong Kong).

Bronze sculpture, *Sweet Rain – B19*, (2010), by Nishimura shows an open lotus leaf rolled up on one side. The title refers to the property of lotus to stretch towards the sky to absorb dew rain and collect it as drops. In Buddhism, the liquid-

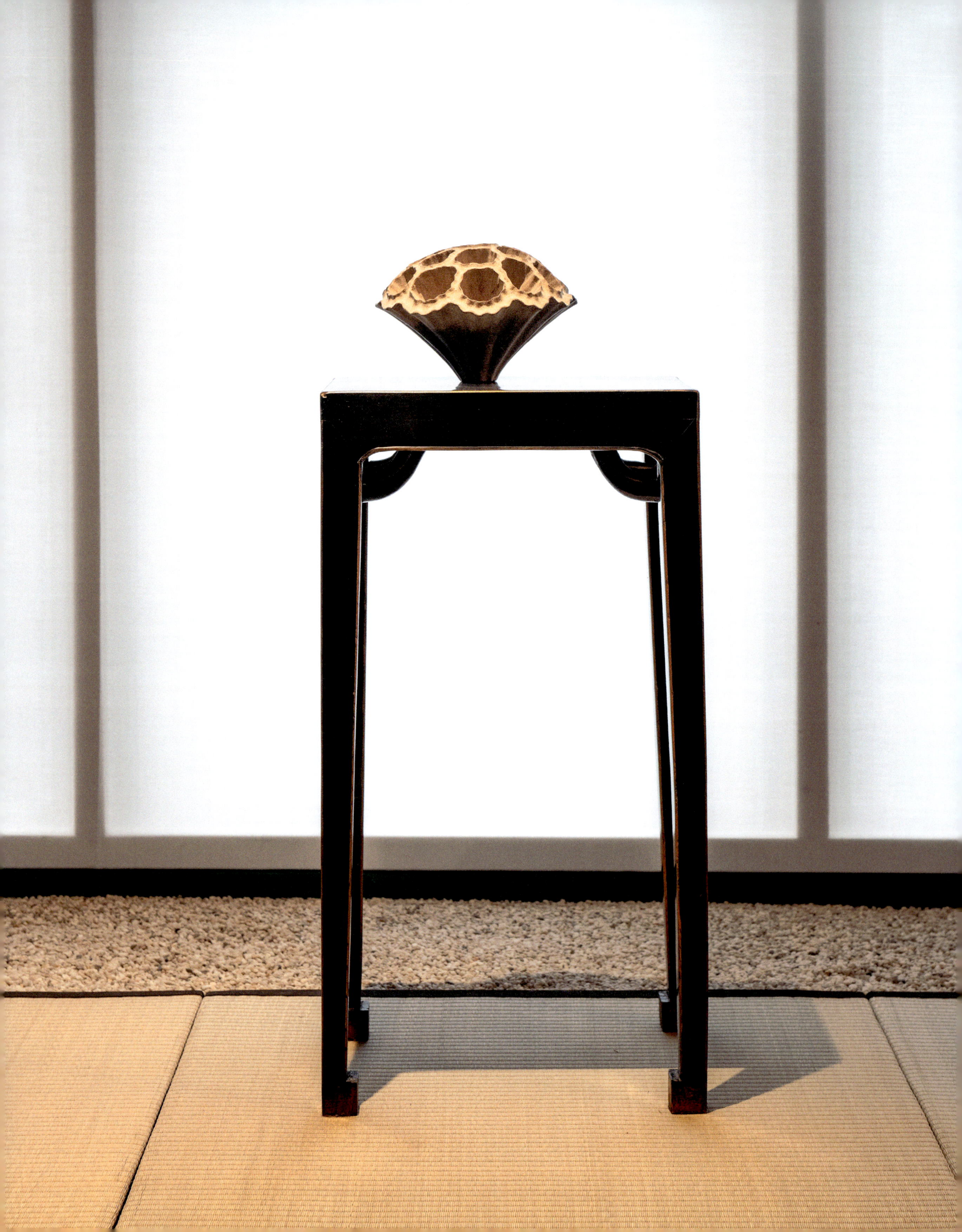

der Lotusblume: In der Natur streckt die Pflanze sich gen Himmel, um den Tau aufzufangen und in Form von Tropfen zu sammeln. Im Buddhismus ist die flüssigkeitsabweisende Lotusblume ein Zeichen der Reinheit, des spirituellen Erwachens und der Treue. Darüber hinaus ist die Blume ein Symbol von rin-ne (die Befreiung von allerlei weltlichen Bindungen) und gedatsu (Seelenwanderung) und der Sitz des Buddha. Sweet Rain – B19 komplettiert wie kontrastiert im und mit dem Gegensatz von natürlich verwitterter Bronze, der festen und schweren Materie mit dem Symbol einer Pflanze. Die wird zu einem Gefäß, einem Habitat, dessen bläuliche Patina die Weisheit und Klugheit versinnbildlicht. Nishimuras kleinformatige Holzskulptur, *Sweet Rain – Oblivion Nr. 12* (2018), offenbart die organische Form des Lotus-Fruchtstandes, während in *Sweet Rain – Wall Sculpture 29* (2005), das Lotusblatt zu sehen ist: das Blatt, ebenfalls aus Holz gefertigt, leicht gewellt nach vorn geneigt, hält sich aufrecht (s. S. 31), in den Raum hineinragend, von einem Stängel getragen; hier weist die vollständig entfaltete Pflanze hin auf die vollkommene Erleuchtung, Offenbarung. Diese plastische Serie von Nishimura trägt den lyrischen und etwas unheimlichen Titel Sweet Rain. Hier wird das Bild des Regens heraufbeschworen, den Ryu-oh (König der Drachen) auf die Erde fallen ließ, um die Geburt Buddhas zu feiern und dem Säugling Buddha sein erstes Bad zu geben.

Nishimuras Fokus auf die Zerbrechlichkeit der Form und die Flüchtigkeit von Materialien verstärkt Samson Young in seiner Videoarbeit *Sonata for Smoke* (2020) durch die Sinnlichkeit materieller Elemente seiner Mediation über die symbolische und vergängliche Natur des Rauches (s. S. 27). Wie können wir Rauch einfangen, diesen Stoff, der uns immer entgeht? Wie können wir das Vergängliche und Flüchtige halten? Im gesamten Video erfasst Young die Vergänglichkeit des Rauchs – insbesondere die verschiedenen Geräusche, die die flüchtigen Raucherscheinungen begleiten. Hier wird Youngs Beziehung zum Klang symbolisch als die eines Zen-Meisters verherrlicht. Die Videoarbeit entstand während Youngs Aufenthalt als Artist-in-Residence im Ryosoku-in Tempel in Kyoto. Sie besteht aus einer Serie von Handlungen und Bildern, die sich linear vorwärtsbewegen über Zeit und Raum und so ein Gefühl der Orientierung erzeugen. Ein aufgehängtes Mikrofon fängt das Geräusch eines brennenden Stücks Räucherpaste (ein chemisches Produkt, das Rauch für Theatereffekte erzeugt) ein. Eine dünne, aber dichte Rauchsäule steigt aus der

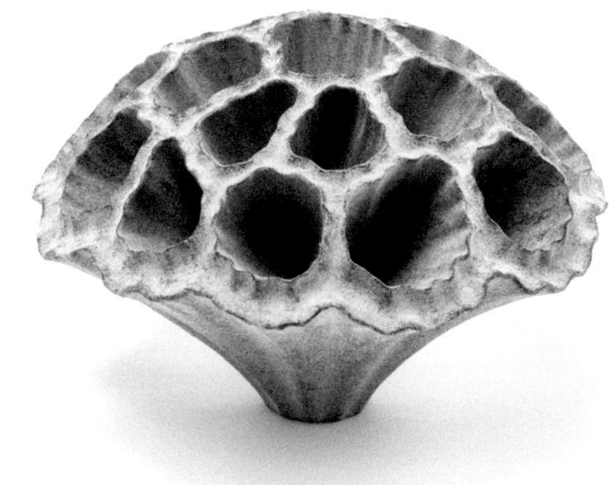

repellent lotus flower is a sign of purity, spiritual awakening, and faithfulness; it, too, is a symbol of Rin-ne (emancipation from worldly attachments) and Gedatsu (transmigration of the soul); it is the sitting place of Buddha. As such, this symbolism contrasts with as well as it is made complete by the naturally weathered bronze, solid and heavy matter; a flower becomes a vessel of sorts, a habitat, its bluish patina representing wisdom and intelligence. Nishimura's small-format wooden sculpture, Sweet Rain – Oblivion Nr. 12, 2018, reveals the organic shape of the lotus fruit seed, while in Sweet Rain – Wall Sculpture 29, 2005, the lotus leaf, also rendered in wood, is slightly undulated and erect, and projects into the room, supported by a stem; here a bloomed flower indicates full enlightenment, epiphany. The artist's sculptural series bears a lyrical and somewhat uncanny title – Sweet Rain – evoking the rain which Ryu-oh (king of dragon) let fall down to the earth to celebrate the birth of Buddha, giving baby Buddha first bath.

Nishimura's focus on the fragility of form and volatility of materials is amplified by a sensuality of elements, as seen in Samson Young's video Sonata for Smoke, 2020, a meditation on the symbolic and impermanent nature of smoke. How can we capture smoke, something that always escapes our grasp? How do we take hold of what is transient and fugitive? Throughout the video, Young registers the ephemerality of smoke – in particular, the various sounds that accompany its fleeting appearance. Here, Young's relationship with sound is symbolically glorified as that of a Zen master. Conceived while Young was artist in residence at the Ryosoku-in Temple in Kyoto, Japan, the video consists of a sequence of actions and images that progress with forward motion across time

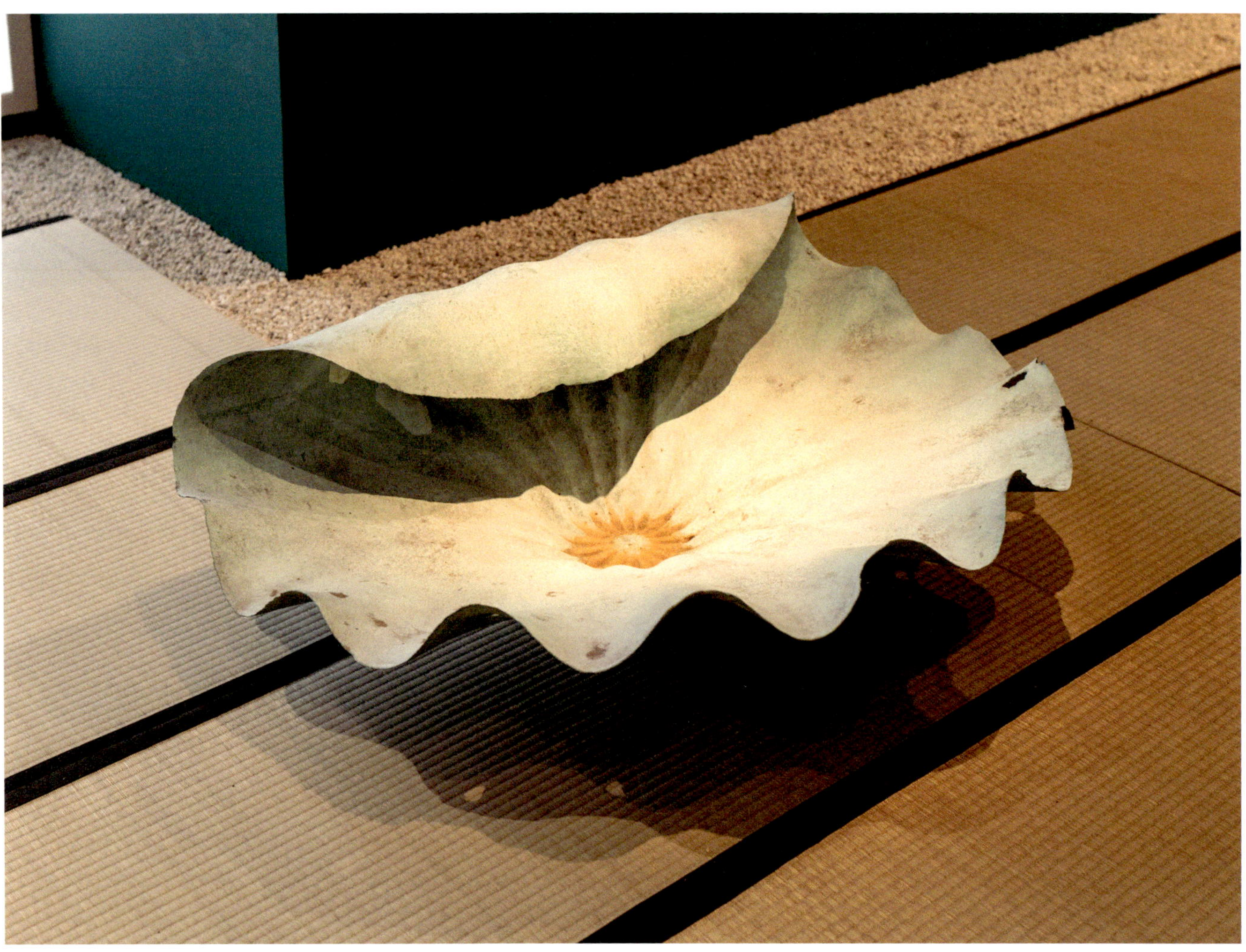

Substanz auf. Als das Brennen zum Ende kommt, fällt abrupt ein gelber Vorhang und der Protagonist klatscht in die Hände. *Sonata for Smoke* ist eine Studie der Abwesenheit und Leere: Auf einem Mikrofonständer sehen wir den Schuber des Buches *Anthology of Passages from the Forests of Zen*, eines Klassikers der japanischen Zen-Literatur. Im Schuber ist aber kein Buch. Der Protagonist macht ein merkwürdiges Geräusch, indem er mit den Fingerspitzen über das Cover kratzt. Ein Pianist scheint Klavier zu spielen, doch es ist nur ein leiser Ton zu hören, während der Protagonist langsam eine Autotür öffnet und dann schnell wieder schließt. Dann wechselt die Kameraperspektive in das Innere des Autos, in dem der Protagonist sich jetzt auf dem Fahrersitz befindet. Starker Regen prasselt auf die Windschutzscheibe und erzeugt einen vertrauten Rhythmus. Irgendwann hört der Regen auf. Wir werden als Betrachter in eine andere Szene geführt: Am Ufer eines Sees wird

and space, creating a sense of directionality. A boom microphone captures the sound of a slice of smoke cake (a chemical product that produces smoke for theatrical effects) burning, while emitting a slim but dense column of smoke. When the burning ends, a yellow curtain falls abruptly, and the protagonist claps his hands. Youngss' work is a study of absence and void: a microphone stand is shown holding a slipcase from the book Anthology of Passages from the Forests of Zen, a classic of Japanese Zen literature; however, there is no book inside the case. The protagonist makes a curious sound by scratching the cover with his fingertips. The pianist appears to be playing the piano, but there is only a faint sound, while the protagonist opens the car door slowly and then quickly shuts it. Next, the view is from inside the car, as the protagonist is seated in the driver's seat. Heavy rain pours down the windshield, creating a familiar rhythm; eventually the rain stops. We move

ein Boot aus Papier verbrannt als eine Art Opferhandlung. In ostasiatischen Kulturen gilt das Verbrennen von Papierschiffchen als heiliges Ritual, das die Verbindung der materiellen und spirituellen Welt darstellt. Der Protagonist – der Künstler selbst – nutzt ein Mikrofon an der Angel, um das Geräusch des Feuers aufzunehmen, während er hüfthoch im See steht. Ganz langsam zerfällt das Papierboot zu Asche und hinterlässt das dünne Skelett seines Metallrahmens. In der kurzen Schlussszene sieht man in Nahaufnahme zwei Hände, die auf einen in der Luft gehaltenen Nagel einschlagen. Hier erscheint „yohaku" wieder, mit seiner kraftvollen Beschwörung von Nichts, Leere und Verschwinden; eine spirituelle Fülle an Bewusstsein und Verlangen. Gleichzeitig erscheint hier ein Hinweis auf die Gleichzeitigkeit von Werden und Vergehen. Die Anabasis. Das Heute als die Geschichte von morgen.

to yet another scenery: near the shore of a lake, a boat made of paper is being burned as a kind of sacrifice. In East Asian cultures, burning paper boats like this one is considered a sacred ritual, because it represents the union of the material and spiritual worlds. The protagonist – the artist himself – uses a boom microphone to record the sound of the fire, while he stands submerged up to his waist in the lake. Ever so slowly, the paper boat turns to ashes, leaving the thin skeleton of its metal frame. In the brief closing scene, a close-up of a pair of hands can be seen pounding a nail held in the air. Yohaku reappears in its powerful evocation of nothingness, void and disappearance; a spiritual richness of consciousness and desire. And at the same time, it is an indication of the simultaneity of growing and passing away. The Anabasis. Today as history of tomorrow.

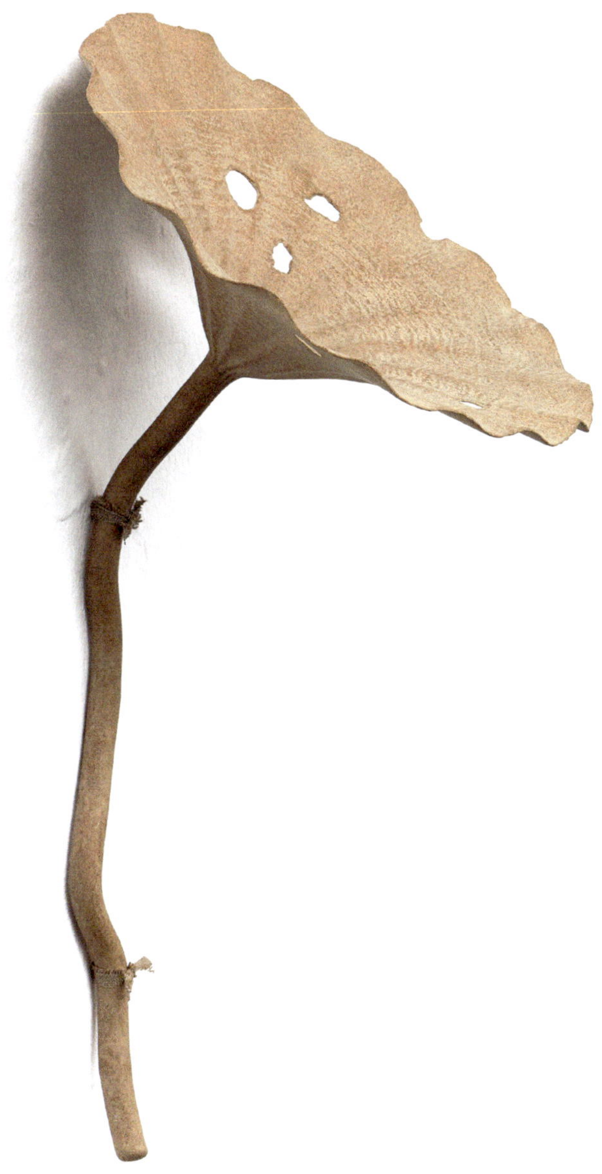

Tōyo Unkoku
1612–1668
Landschaft mit Tempel
Landscape with Temple
120 × 55 cm

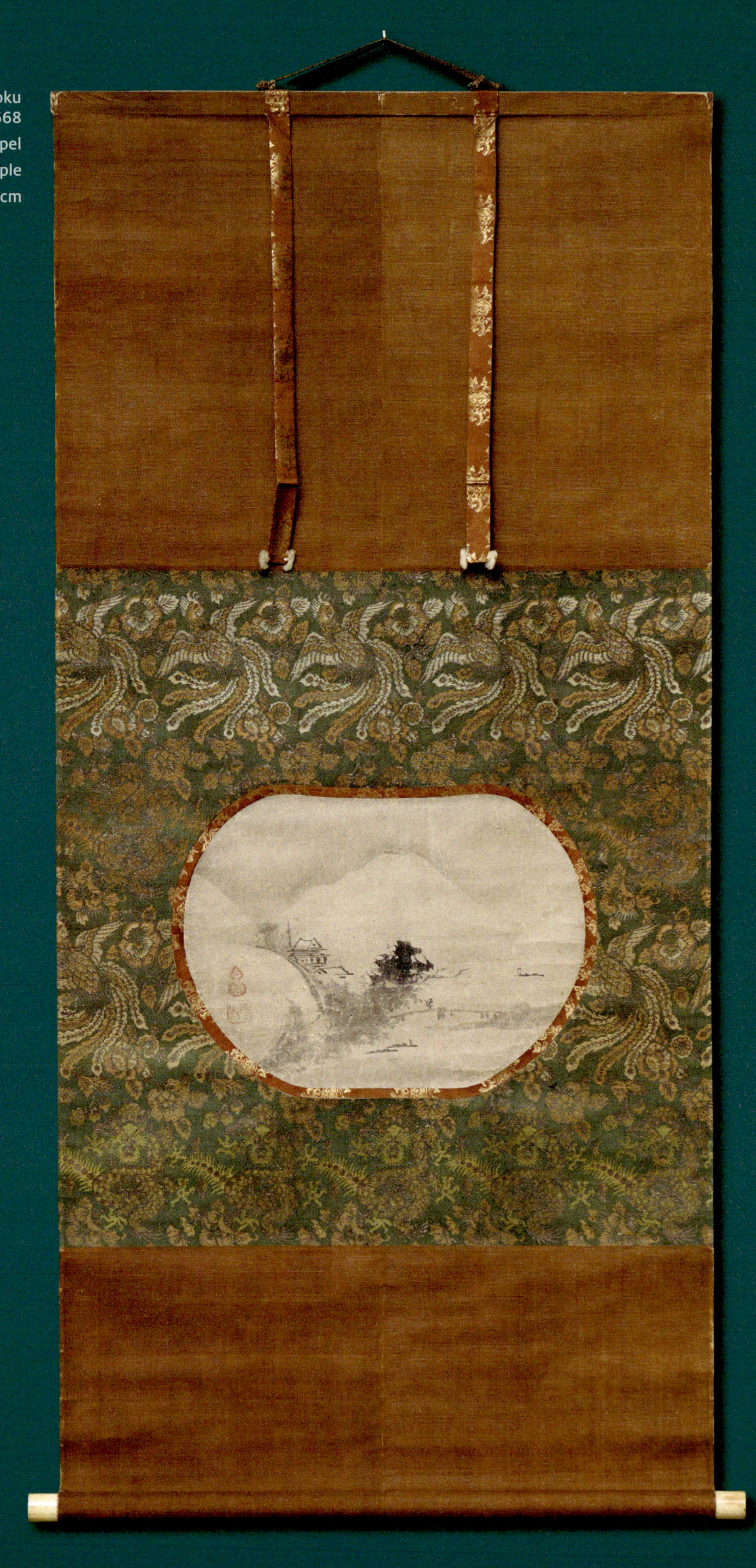

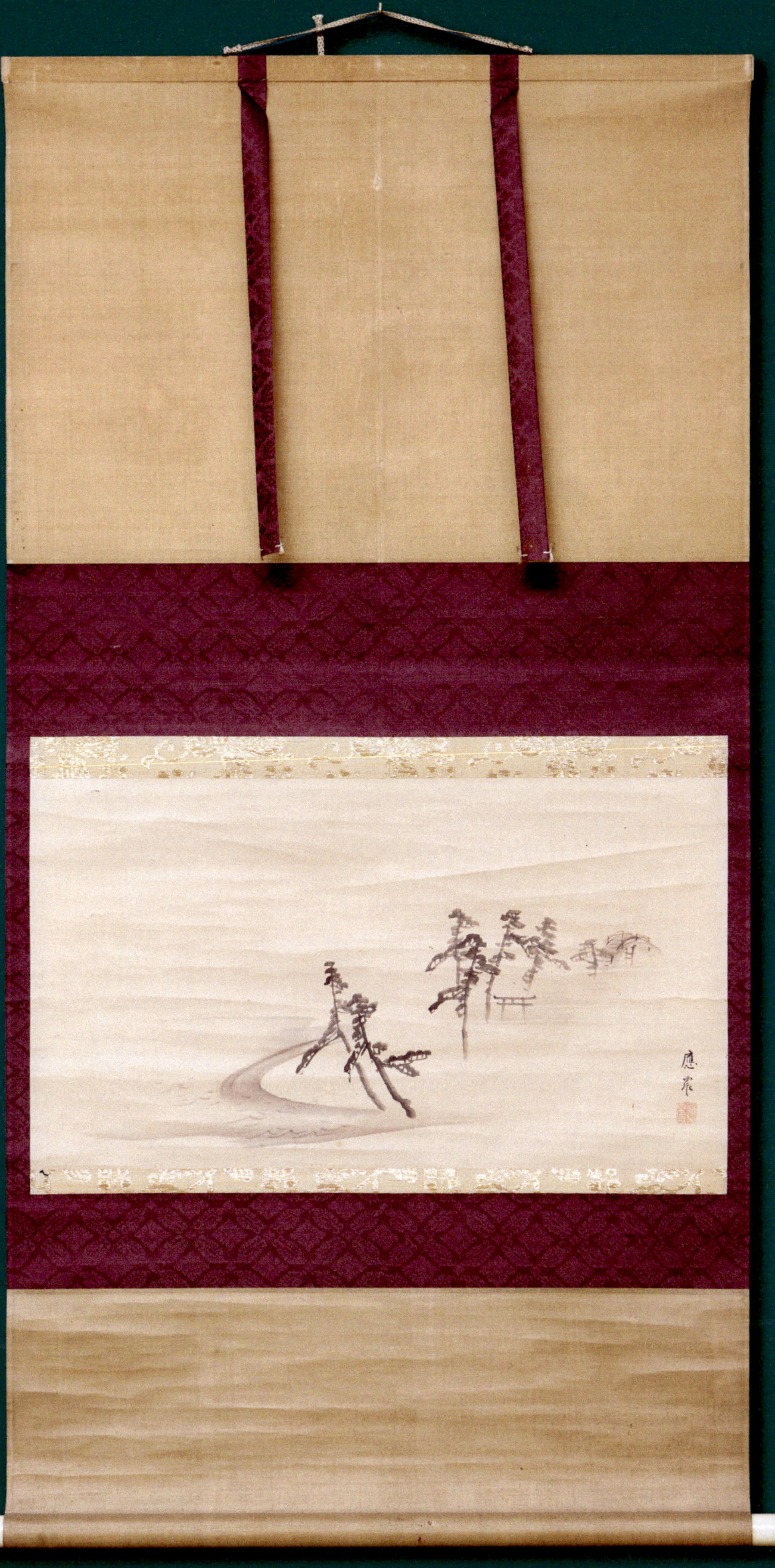

Ōshin Maruyama
1790–1838
Sumiyoshi-Schrein
Sumiyoshi Shrine
114 × 56,5 cm

Denpu Takuno
1895–1954
Erblühender Pflaumenbaum
Blossoming Plum Tree
146 × 80 cm

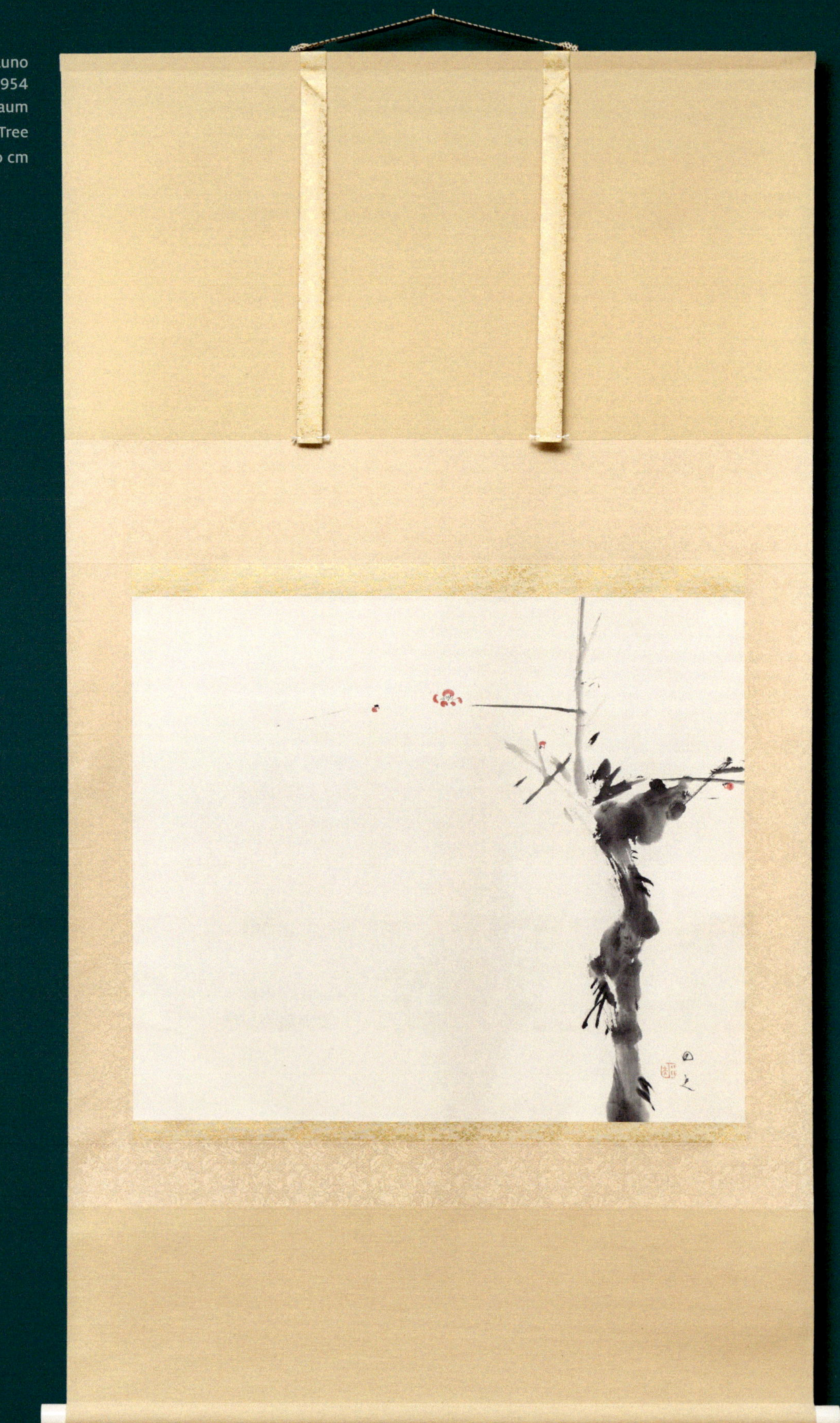

CLAUDIA FORTAGNE

Motive für den Moment

Die intensive Naturverbundenheit der japanischen Kultur spiegelt sich im Motivreichtum ihrer Künste wider. Landschaften und Wetter inspirieren besonders die japanische Malerei stilbildend. Drei Hauptthemen sind zu benennen: Landschaft *Sansui-ga* (Berg- und Wassermalerei), Flora und Fauna *Kachō-ga* (Blumen- und Vogelbilder) und die Darstellung von Menschen *Jinbutsu-ga*.

Über Jahrhunderte hinweg entwickelte sich eine facettenreiche Symbolsprache, anhand derer Bildinhalte und Kompositionen entschlüsselt werden können. Beispielhaft ist die Abbildung von Pflaumenblüten: Im Bild von Denpu Takuno[1] steht eine Blüte an exponierter Stelle und wird zur Vorbotin des Frühlings. In Kombination mit Orchideen, Bambus und Chrysanthemen symbolisieren Pflaumenblüten wiederum den Winter. Orchideen versinnbildlichen den Frühling, Bambus steht für den Sommer und Chrysanthemen allegorisieren den Herbst. Bilder mit diesen „Vier Edlen" (*Shikunshi*) assoziieren die Tugenden Reinheit, Aufrichtigkeit, Bescheidenheit und Beharrlichkeit entsprechend der konfuzianischen Vorstellung vom tugendhaften und gebildeten Menschen. Diese Interpretation entstammt der chinesischen Tradition. „Zudem steht in Japan die Chrysantheme metonymisch für den Kaiser und sein Amt als Oberhaupt der Shinto-Religion, in der er als Nachfahre der Sonnengöttin Amaterasu gilt."[2]

Da die japanischen Rollbilder *(Kakejiku)* nicht dauerhaft hängen, sondern über einen gewissen Zeitraum ausgestellt werden, ist deren Kategorisierung in neutrale, saisonbezogene, buddhistische Motive und in solche für feierliche Anlässe naheliegend. Zu den neutralen Motiven zählen bekannte Sehenswürdigkeiten wie der Fujiyama. In der Tuschmalerei von Matsutsune Riegen[3] taucht die unverkennbare Silhouette des Vulkans aus dem ihn umgebenden Nebel auf. *Regen in Karasaki*[4] von Shōsen Suzuki wirkt wie ein Zitat des Farbholzschnittes *Nächtlicher Regen in Karasaki* aus der Serie

1 Denpu Takuno (1883–1945): Erblühender Pflaumenbaum.
2 Merrily Baird: Symbols of Japan – Thematic Motifs in Art and Design, Rizzoli International Publications Inc., New York, 2001, S. 13, übersetzt von der Autorin.
3 Matsutsune Riegen (1450–1550): Fuji u. Miho Wald.
4 Szuzuki Shosen (1872–?): Regen in Karasaki.

CLAUDIA FORTAGNE

Motifs for the Moment

Japanese culture's intense connection with nature is reflected in the wealth of natural motifs in the country's art. Landscapes and weather have been particularly important in inspiring stylistic aspects of Japanese painting. Three main themes can be identified here: landscape, or *sansui-ga* (mountain and water painting), flora and fauna, or *kachō-ga* (images of flowers and birds), and the depiction of people, *jinbutsu-ga*.

Over the centuries, a multifaceted symbolic language has developed which can be used to decipher compositions and the content of particular images. One example of this is the figure of plum blossoms: in the image by Denpu Takuno, a plum blossom stands in an exposed location, thus becoming a harbinger of spring.[1] However, when used in combination with orchids, bamboo and chrysanthemums, plum blossoms serve as symbols of winter. Orchids symbolise spring, while the bamboo represents summer, with chrysanthemums seen as allegories of autumn. Images using these "four gentlemen" *(shikunshi)* create associations with the virtues of purity, sincerity, modesty, and perseverance, in accordance with Confucian ideas of a virtuous and educated person. This interpretation is drawn from Chinese tradition. "The chrysanthemum and the paulownia stand for the Japanese imperial family, which uses them as crests, while the sacred Shinto mirror references the unbroken succession of the imperial line and the imperial family's supposed descent from the sun goddess Amaterasu Okami."[2]

Japanese scroll paintings *(kakejiku)* are not displayed on a permanent basis; instead, they are shown at a specific moment, for a particular period of time. Because of this, they can be divided into different categories: first, those with neutral, seasonal, Buddhist motifs and second, those to be used on celebratory occasions. Neutral motifs include well-known sights like Mount Fujiyama. In the ink painting by Matsutsune Riegen, we see the volcano's unmistakable silhouette emerging from the surrounding fog.[3]

1 Denpu Takuno (1883–1945), *Blossoming plum tree.*
2 Merrily Baird, *Symbols of Japan – Thematic Motifs in Art and Design* (New York: Rizzoli, 2001), p. 13.
3 Matsutsune Riegen (1450–1550), *Mount Fuji and the Pine Grove in Miho.*

Rigen Matsutsune
um 1450–1550

Fujiyama und Miho-Wald

Fujiyama and Miho
Forest

118 × 58,5 cm

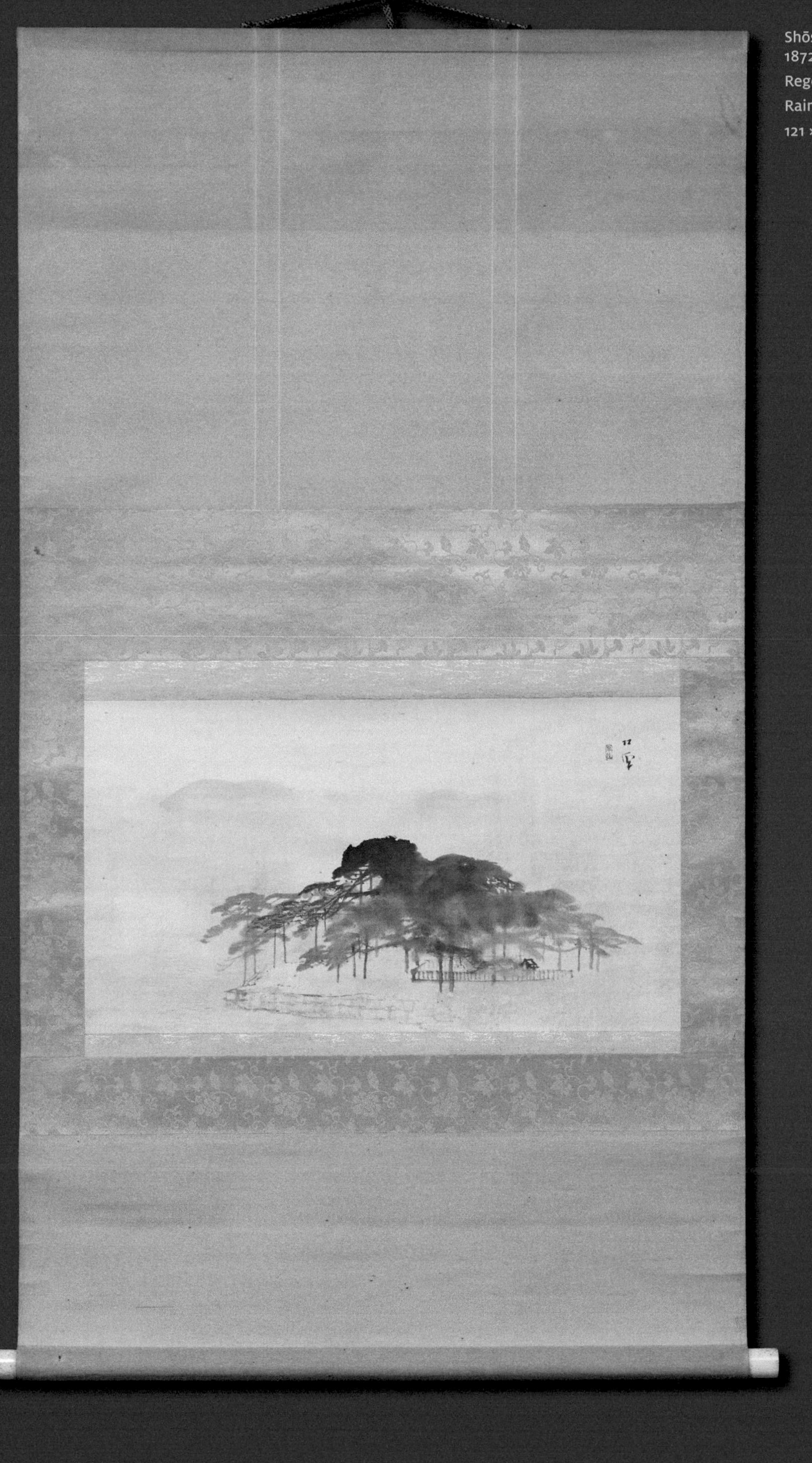

Shōsen Suzuki
1872 – ?

Regen in Karasaki

Rain in Karasaki

121 × 65 cm

Tosa Genkō
1821–1886
Wasserfall
Waterfall
172 × 37 cm

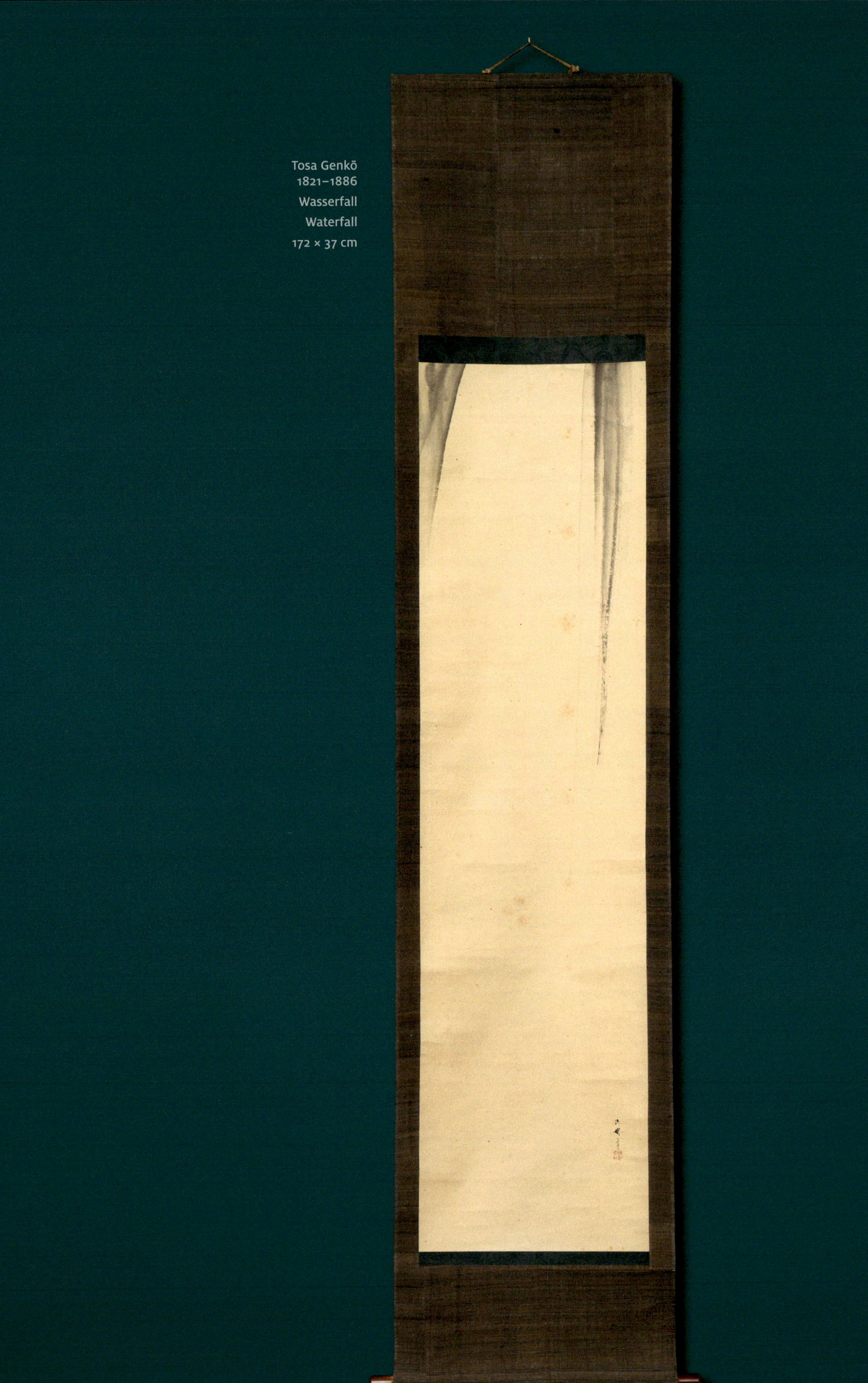

Acht Ansichten von Omi des berühmten Grafikers Utagawa Hiroshige. In der monochromen Tuschmalerei Shōsens nimmt der weiche Verlauf vom tiefen Schwarz hin zum zarten Grau scheinbar zufällig die Form der riesigen uralten Kiefer an, deren schweren Äste gestützt werden. Über der Baumkrone erkennt man angedeutete Regenwolken. Ein lasierender Farbauftrag lässt die steinige Uferbefestigung klar erkennen.

In der traditionellen japanischen Malerei werden Formen und Linien auf das Wesentliche reduziert. Auf Schatten wird verzichtet. Kennzeichnend sind leere Hintergründe und die asymmetrische Positionierung der Bildelemente. Dabei ist die freie Fläche Teil des Motivs. Die Bezeichnung dafür lautet *Yohaku* und ist kein Synonym für den deutschen Begriff „Weißraum". In historischen Darstellungen dient *Yohaku* dem harmonischen Übergang von Textpassagen zu Illustrationen und wird als verbindendes Element unvereinbarer Bildausschnitte genutzt, wie zum Beispiel bei Abbildungen von Ereignissen, die zeitlich oder örtlich auseinanderliegen. *Yohaku* impliziert Inhalte, die sich Betrachtende durch eigene Imagination erschließen. Je nach Anmutung kann *Yohaku* beispielsweise eine schwere Wolkendecke, heißen Dunst oder eine kalte Schneefläche imaginieren. Im Werk von Tosa Genkō *Wasserfall* ist es herabstürzendes tosendes Wasser.[5] Förmlich spürbar wird eine erfrischende Kühle vermittelt. Während der heißen japanischen Sommermonate wäre dieses Rollbild hervorragend geeignet, in der *Tokonoma,* der Schmucknische, die zur Innenarchitektur traditionell-japanischer Räume gehört, platziert zu werden. Das Motiv verweist zudem auf eine strenge Schlichtheit im Geist des Zen.

In den japanischen Rollbildern offenbart sich ein unerschöpflicher Stimmungsreichtum. Oftmals geht von einfach erscheinenden Werken eine hintergründige Faszination aus. Noch heute, wie vor 1.300 Jahren, werden die gleichen Materialien und Utensilien verwendet sowie bewährte Techniken angewandt. Diese wurden im Lauf der Jahrhunderte ergänzt, erweitert und von Generation zu Generation weitergegeben. Neben der Tusche aus Ruß werden Farbpigmente durch Mörsern von Mineralien, Muscheln und Halbedelsteinen gewonnen. Bei besonders hochwertigen Arbeiten findet aufwendig in Form geschnittenes Blattgold Verwendung, u. a. für ausgewählte Darstellungen Buddhas.

5 Tosa Genkō (1821–1886): Wasserfall.

Rain in Karasaki[4] by Shōsen Suzuki looks like a quote from the woodblock print *Night Rain at Karasaki* from the series *Eight Views of Ōmi*, by the well-known painter and printmaker Utagawa Hiroshige. Shōsen's monochrome ink painting, with its soft gradient running from deep black to delicate grey, appears to coincidentally take the form of a huge, ancient pine tree, its heavy branches supported from below. It is also possible to discern hints of rain clouds above the treetop. The paint is applied in layers of thin glaze, making the rocky embankment clearly visible.

Traditional Japanese painting tends to reduce shapes and lines to essentials. Shadows do not appear. Other characteristics include empty backgrounds and the asymmetrical positioning of visual elements. In this way, empty space forms part of the visual motifs. The name for this space is *yohaku*, which does not mean the same as the English term 'white space'. In historical images, *yohaku* provides harmonious transitions from text to illustrations, and is used to provide a connecting element between incompatible parts of the image, for example in depictions of events which are separate in time or space. *Yohaku* implies content which viewers discover through their own imagination. Depending on the image, *yohaku* can thus serve as the imaginative basis for heavy cloud cover, hot haze, or a cold area of snow. In *Waterfall*, by Tosa Genko, it invokes the roaring cascade of water, making palpable the water's refreshing coolness.[5] During the hot Japanese summer, this scroll painting would be an appropriate addition to the *tokonoma,* the decorative niche which forms part of traditional Japanese interior design. In the spirit of Zen, this motif also refers to strict simplicity.

Japanese scroll paintings reveal an inexhaustible wealth of mood. Works which initially appear simple can often exert a subtle fascination. The same materials, tools and proven techniques are used today as were 1 300 years ago. Over the centuries, this stock of tools and techniques has been supplemented, expanded, and passed from generation to generation. As well as soot-based ink, colour pigments are obtained by crushing minerals, shells, and semi-precious stones. Very high-quality works made use of elaborately cut gold leaf, including for some depictions of Buddha.

4 Szuzuki Shosen (1872–?), *Rain in Karasaki.*
5 Tosa Genko (1821–1886), *Waterfall.*

Der Künstler Morisumi[6] greift ein signifikantes Thema mit historischem Bezug auf. Anfang des 11. Jahrhunderts schrieb die Hofdame Murasaki Shikibu *Die Geschichte vom Prinzen Genji*, ein klassisches Werk der japanischen Literatur, das aufschlussreiche Einblicke in das Leben am Kaiserhof während der Heian-Zeit bietet. Im 12. Jahrhundert wurde die Erzählung farbintensiv illustriert und damit das berühmteste *Emakimono* geschaffen. Dabei handelt es sich um eine Darstellung im Querformat ähnlich einer Schriftrolle, die die Betrachtenden sitzend nach und nach entrollen.

Morisumi greift eine Szene aus dieser Geschichte auf und setzt sie in das Hochformat japanischer Rollbilder. Er wahrt den ursprünglichen Stil, bei dem es keine Fluchtpunktperspektive gibt. Je höher eine Figur im Bild angeordnet ist, desto weiter entfernt soll sie positioniert sein. Ein typisches Merkmal ist darüber hinaus die Verwendung diagonaler Bildelemente. Beispielhaft dafür sind die Holzsegmente der Architektur.

„Das umfassende Wörterbuch[7] der saisonalen Wörter, das Dichtern als Unterstützung zur adäquaten Wortfindung dient, listet fast dreißig Mond-Themen auf, denen wiederum durch mehr als 175 Begriffe Ausdruck verliehen wird. Etwa neunzig Prozent davon werden mit dem Herbst in Verbindung gebracht."[8] Kikuchi Yosais Werk zeigt wie Mondlicht auf Schilfgräser fällt und die Blüten des Buschklees erstrahlen lässt, bevor es von der Wasseroberfläche reflektiert wird.[9] Seine Darstellung des Wassers erinnert an eine stilisierte Mondsichel. Sie gilt als Schutzsymbol, das Samurai deshalb zu ihrem Helm-Ornament wählten.

Aki no nana kusa (Die sieben Kräuter des Herbstes) – In einem Gedicht aus dem 8. Jahrhundert werden die sieben Pflanzen: Buschklee, Suzuki-Schilf, Kudzu, Prachtnelke, Goldbaldrian, Wasserdost und Ballonblume als den Herbst kennzeichnende Flora benannt. Ob einzeln oder zusammen arrangiert, weisen sie auf die späte Jahreszeit hin.

Ein saisonales Motiv, das sich großer Beliebtheit erfreut und oft zu Jahresbeginn die *Tokonoma* ziert, ist der immergrüne Strauch Nandine mit seinen leuchtend roten Beeren. Beispiel-

6 Morisumi (Künstlername Tsurana – 1809–1892): Genji Monogatari.

7 Nihon Dai Saijiki ist eine vollständig farbig bebilderte Enzyklopädie in fünf Bänden.

8 Merrily Baird: Symbols of Japan – Thematic Motifs in Art and Design, Rizzoli International Publications Inc., New York, 2001, S. 31 f., übersetzt von der Autorin.

9 Kikuchi Yosai (1788–1878): Mondlicht mit Buschklee und Suzuki-Gras.

In *Genji Monogatari*, the artist Morisumi[6] turns to a significant theme with a specific historical reference. In the early eleventh century, Shikibu Murasaki, a lady-in-waiting at the Imperial court, wrote *The Tale of Prince Genji*, a classic work of Japanese literature which offers insights into life at court in the Heian period. In the twelfth century, the story was illustrated using intense colours, in what became the most famous example of an *emakimono*: a horizontal visual image, like a scroll, which the viewer gradually unrolls while in a seated position.

Morizumi transposes a scene from Murasaki's story into the vertical format favoured by Japanese scroll paintings. His image preserves the original style, which does not use vanishing point perspective: instead, the higher up a figure is placed in the image, the further away it is positioned in the representation. Another typical element in Morizumi's image is the positioning of visual elements along the diagonal. The wooden elements of the architecture are a good example for this.

"The five-volume Nihon Dai Saijiki (Comprehensive Dictionary of Seasonal Words), designed to assist the poet in choosing appropriate words for each time of year, identifies nearly thirty aspects of the moon as standard themes for haiku. In turn, these themes are expressed through more than 175 terms. The fact that roughly eighty percent of these themes and ninety percent of these terms are associated with autumn illustrates the Japanese preference for linking the moon to one season above all others."[7] The work of Kikuchi Yosai shows how moonlight falls on reeds, illuminating the flowers of the bush clover and reflecting on the surface of the water.[8] His depiction of water is reminiscent of a stylized crescent moon. This motif is seen as a symbol of protection, leading some samurai to use it to adorn their helmets.

The eighth century poem *Aki no nana kusa* (The Seven Herbs of Autumn) names seven plants as characteristic of autumn: bush clover, Suzuki reed, kudzu, carnation, golden valerian, water dolly, and balloon flower. Whether arranged individually or together, they are an indication of the autumnal season.

6 Morizumi (known as Tsurana; 1809–1892), *Genji Monogatari.*

7 Merrily Baird: Symbols of Japan – Thematic Motifs in Art and Design, Rizzoli International Publications Inc., New York, 2001, p 31f.

8 Kikuchi Yosai (1788–1878), *Moonlight with Bush Clover and Suzuki Grass.*

9 No. 28 Murase Soseki (1822–1877), *Nandina in Winter with a Sparrow.*

Yōsai Kikuchi
1788–1878
Mondlicht mit Buschklee
und Susuki-Gras
Moonlight with Bush Clover
and Susuki Grass
203 × 46 cm

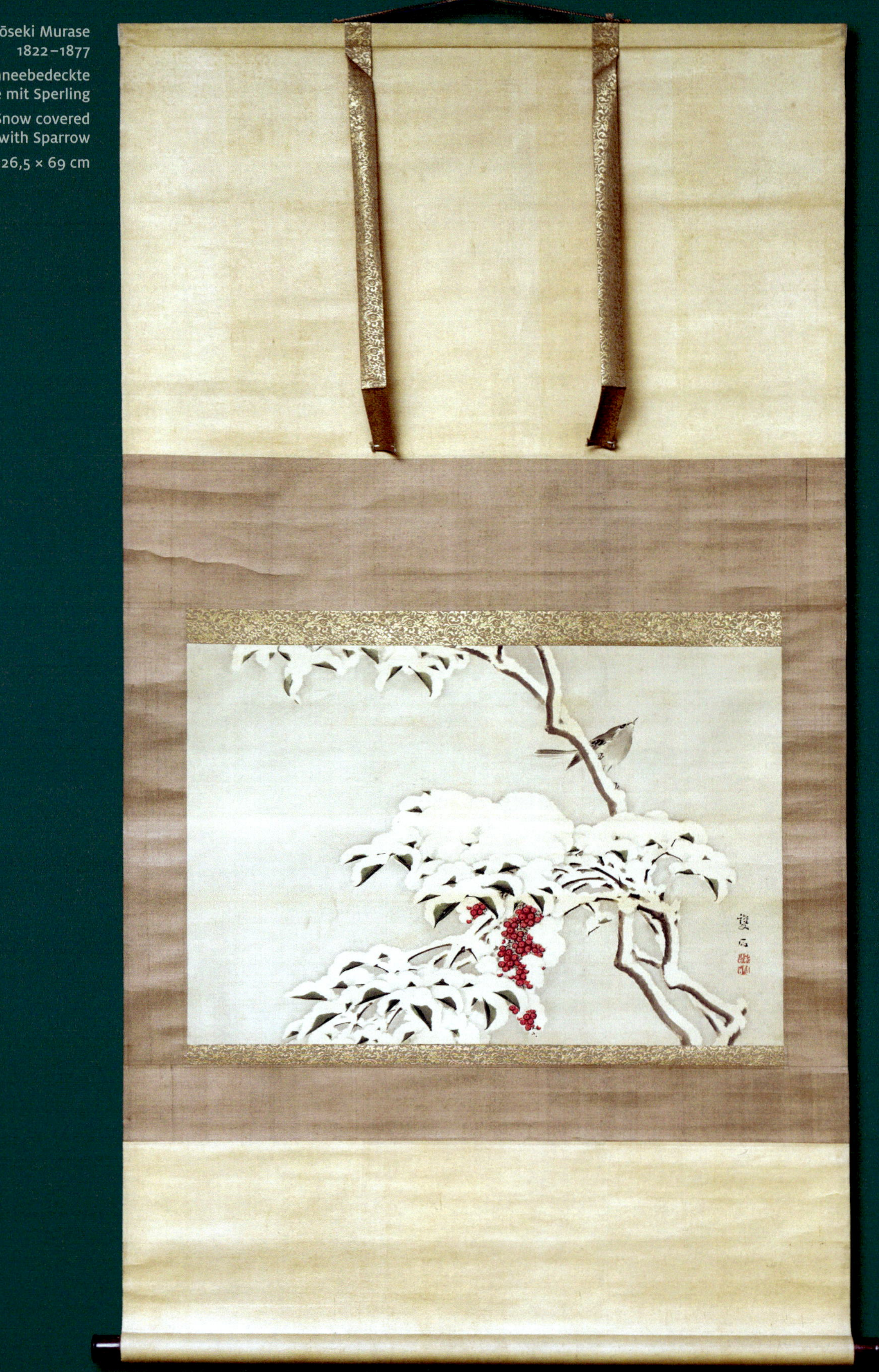

Sōseki Murase
1822–1877
Schneebedeckte
Nandine mit Sperling
Snow covered
Nandina with Sparrow
126,5 × 69 cm

haft ist das Bild *Nandine im Winter mit Sperling* von Sōseki Murase. Das Rot der Beeren im Kontrast zum weißen Schnee erweckt die Aufmerksamkeit. Die Farbkombination gilt als glücksverheißend und findet Verstärkung in der phonetischen Übereinstimmung von jap. Nanten (Nandina) mit den Begriffen für Unglück (nan) und Veränderung (ten), so dass dies als Abwendung von Unglück interpretiert wird. Hier zeigt sich die Vorliebe der Japaner für Wortspiele. Das dritte Symbol ist der Haussperling (Spatz).

Diese Vogelart lebt bevorzugt in der Nähe von Menschen und wird aufgrund ihrer Fruchtbarkeit als Glücksbringer angesehen. Saisonale Motive werden über ihre mimetische Funktion erweitert zu Lebensweisheiten.

Zum Jahreswechsel ist das Dekorieren mit *Kadomatsu* eine Tradition, deren Ursprung bis in die Heian-Zeit zurückverfolgt werden kann. Von den Toren sakraler Anlagen bis hin zu den Wohnungstüren werden paarweise Gestecke vor die Eingänge platziert. Kiefernzweige sind wesentliche Bestandteile davon. Die immergrüne Kiefer – *matsu* – ist ein Symbol für Beständigkeit, Langlebigkeit und sogar für Unsterblichkeit. Bedeutsam ist auch die klangliche Kongruenz mit den japanischen Begriffen für die Verehrung und das Warten. *Kadomatsu* sind Einladungen an wohlwollende Götter und an die Geister der Ahnen. Im Besonderen gelten sie *Toshigami* – der Gottheit des neuen Jahres, die Segen, Glück und Wohlstand gewährt. In Kunstwerken kann die gezielte Positionierung von Personen unter einer Kiefer, deren abwartende oder zögerliche Geisteshaltung zum Ausdruck bringen.

Bambus als weiteres Element von *Kadomatsu* steht für Aufrichtigkeit, Stärke und Wohlstand.

Eine typische Kombination und seit Jahrhunderten beliebtes Motiv ist das Trio *shō chiku bai* Kiefer, Bambus und Pflaume. Es assoziiert den Winter, vor allem das Neujahr.

In seinem Bild Ume weicht Sōseki Murase von der üblichen Darstellung ab. Das dominierende Element ist ein zierlicher Pflaumenbaum mit Früchten. Rechts dahinter befindet sich ein Bambusspross. Die Pflanzenstadien weisen auf den späten Frühling hin. Beim aufmerksamen Betrachten erkennt man im unteren linken Bildteil feine Kiefernnadeln. Sie wirken wie eine Erinnerung an die längst vergangene kalte Jahreszeit.

In der Regel werden die Rollbilder im Abstand von 100 bis 200 Jahren aufwendig restauriert. Viele Generationen investieren Zeit und Energie in die Bewahrung der Kunstwerke in ihrem Bestreben, die Vergangenheit mit der Zukunft zu verbinden. Auch daraus erklärt sich die hohe Wertschätzung dieses künstlerischen Erbes.

Nandina, an evergreen shrub with bright red berries, is a very popular seasonal motif, often adorning the *tokonoma* in the early weeks of the year. One example of the motif can be seen in Murase Soseki's *Nandina in Winter with a Sparrow,* with its striking contrast of red berries on white snow.[9] Red and white is considered an auspicious colour combination; here, this is reinforced by the phonetic consonance of the plant's Japanese name *nanten* (*nandina*), containing the words for misfortune (*nan*) and change (*ten*), which can be interpreted as 'averting misfortune'. This underlines the Japanese love of word games. The third symbol here is the house sparrow, a species which prefers to live near people and is considered to be a lucky charm because of its fertility.

Thanks to their mimetic function, seasonal motifs are thus expanded into more general wisdom about life.

At the turn of the year, decorating with kadomatsu is a tradition whose origins can be traced back to the Heian period. From the gates of sacred buildings to the doors of homes, arrangements are placed in pairs in front of the entrances. Pine branches are an essential part of this. The evergreen pine - matsu - is a symbol of constancy, longevity and even immortality. The tonal congruence with the Japanese terms for worship and waiting is also significant. Kadomatsu are invitations to benevolent gods and the spirits of the ancestors. In particular, they are addressed to Toshigami - the deity of the New Year, who grants blessings, good fortune and prosperity. In works of art, the targeted positioning of people under a pine tree can express their waiting or hesitant attitude.

Bamboo, another element of Kadomatsu, symbolises sincerity, strength and prosperity.

A typical combination and motif that has been popular for centuries is the trio shō chiku bai pine, bamboo and plum. It is associated with winter, especially the New Year.

In his painting Ume, Sōseki Murase departs from the usual depiction. The dominant element is a delicate plum tree with fruit. Behind it on the right is a bamboo shoot. The plant stages indicate late spring. If you look carefully, you can recognise fine pine needles in the lower left part of the picture. They look like a reminder of the cold season long gone.

As a rule, scroll paintings are painstakingly restored every one or two centuries. Many generations invest time and energy in preserving works of art, seeking in this way to connect the past to the future. This also helps to explain the great esteem in which this artistic tradition is held.

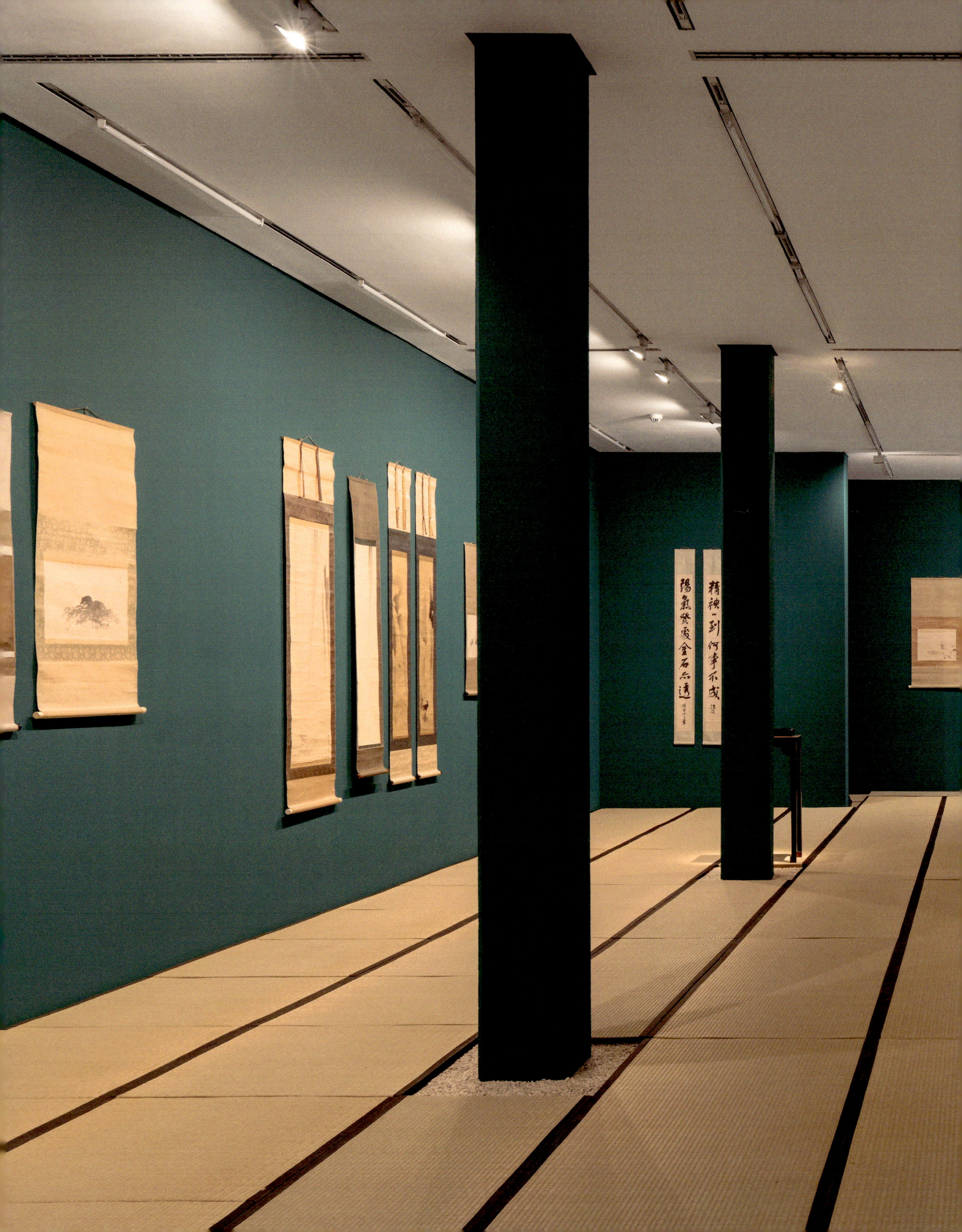
精神一到何事不成
陽氣發處金石亦透

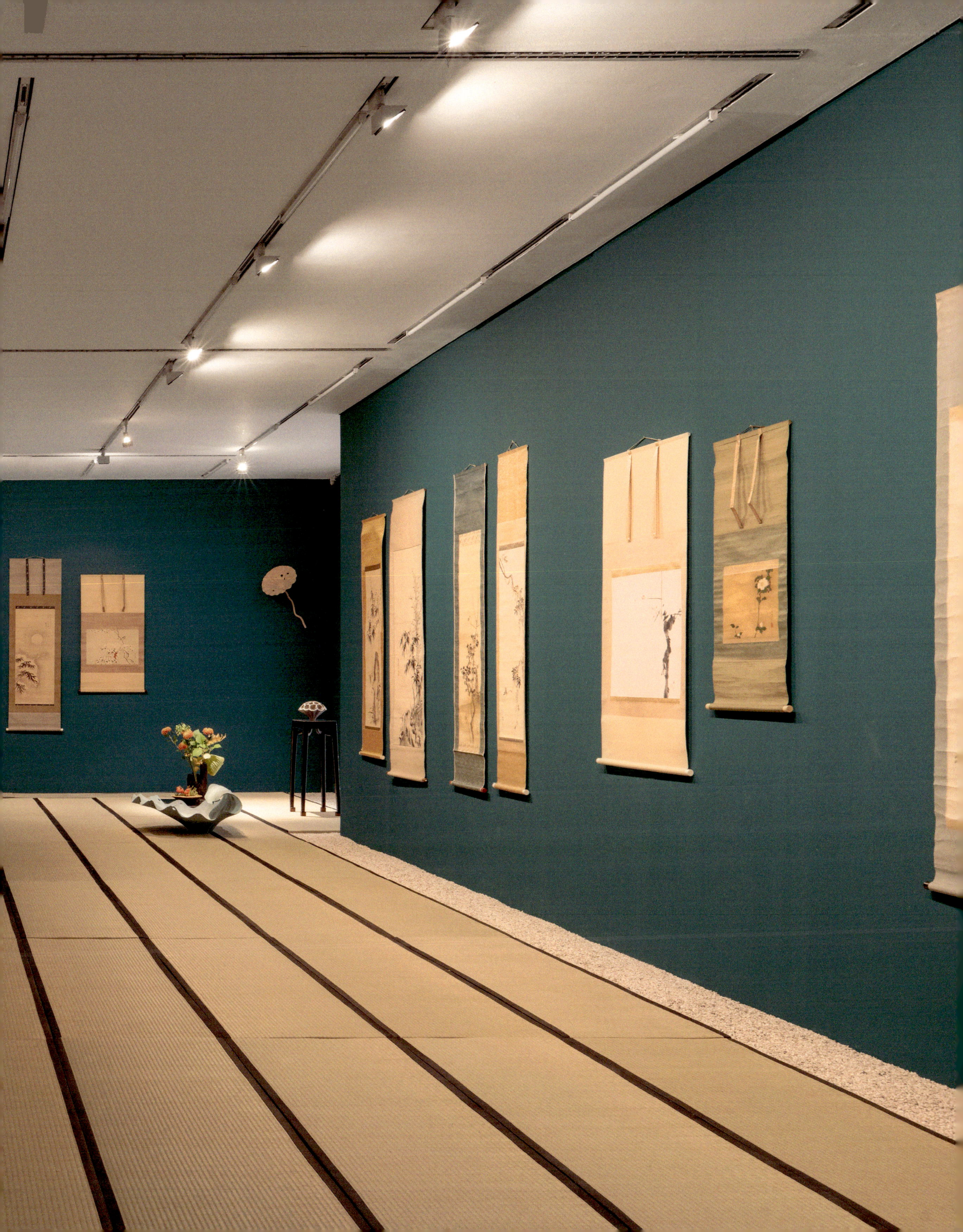

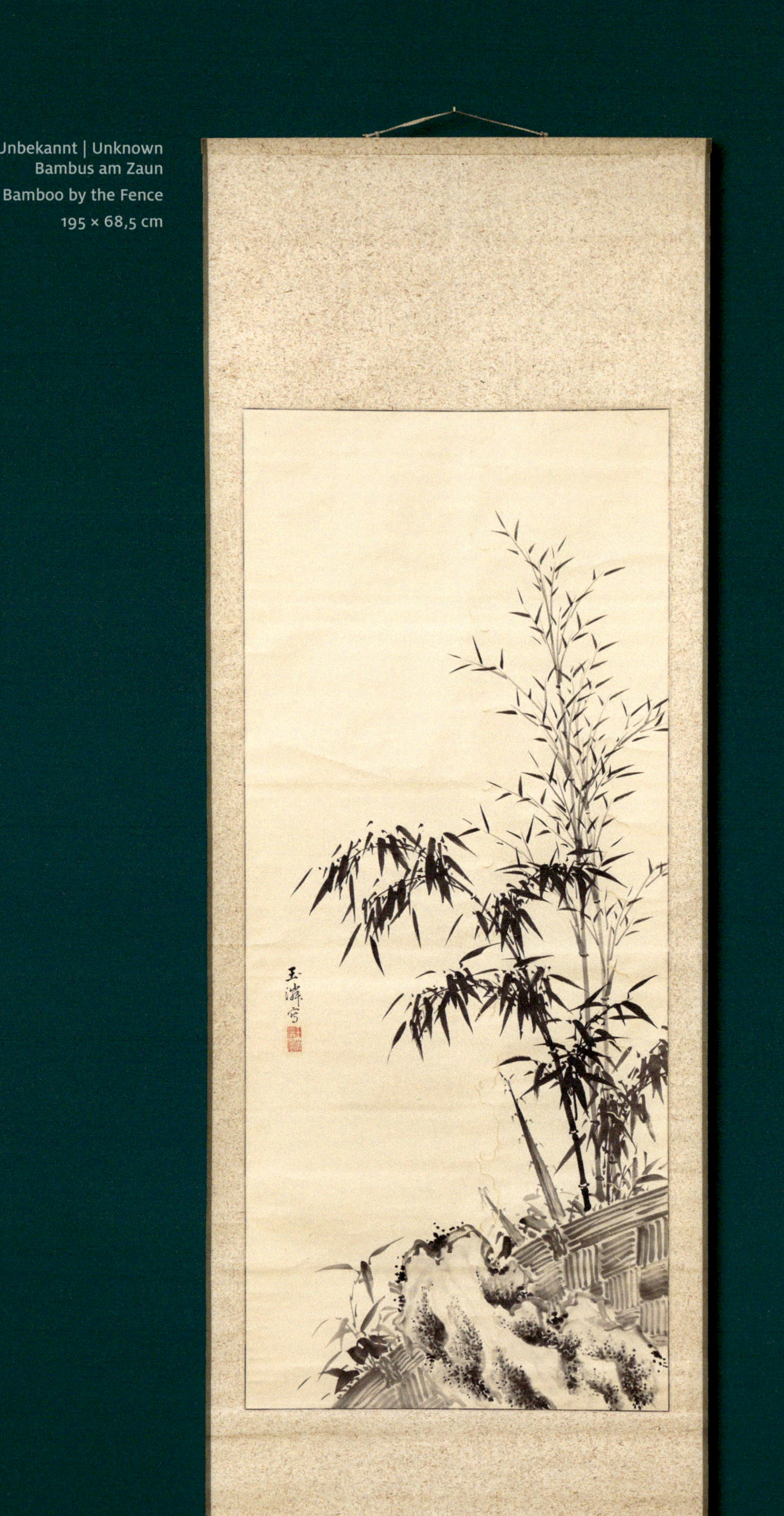

Unbekannt | Unknown
Bambus am Zaun
Bamboo by the Fence
195 × 68,5 cm

Zaimei Hara
1778–1844

Felsschlucht und einsamer Fischer

Ravine and lonely Fisherman

189 × 30,5 cm

Kangetsu Shitomi
1747–1797

Weide am Wasser und
Fischer im Kahn

Willow by the Water and
Fisherman in a Boat

104 × 64 cm

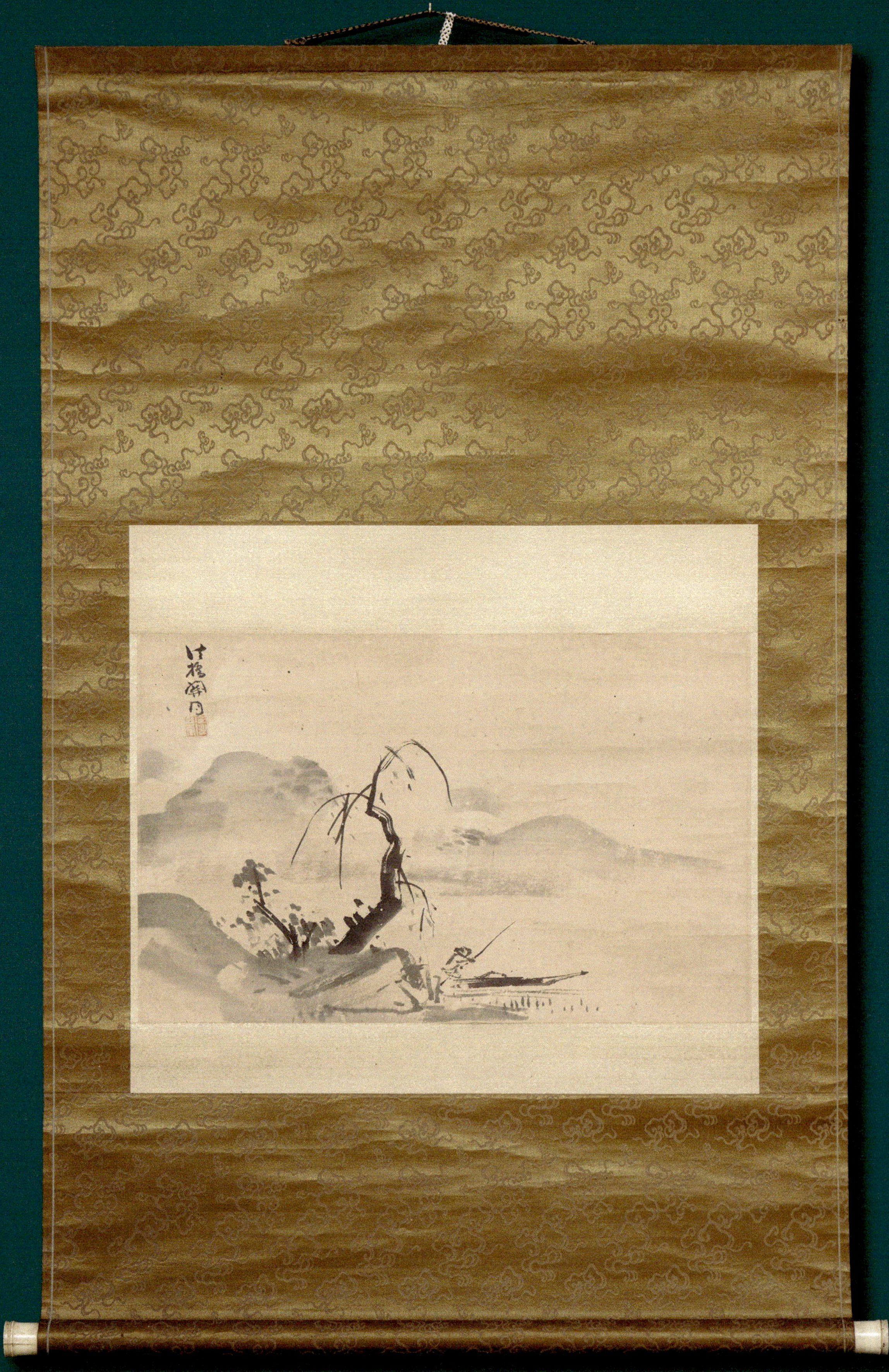

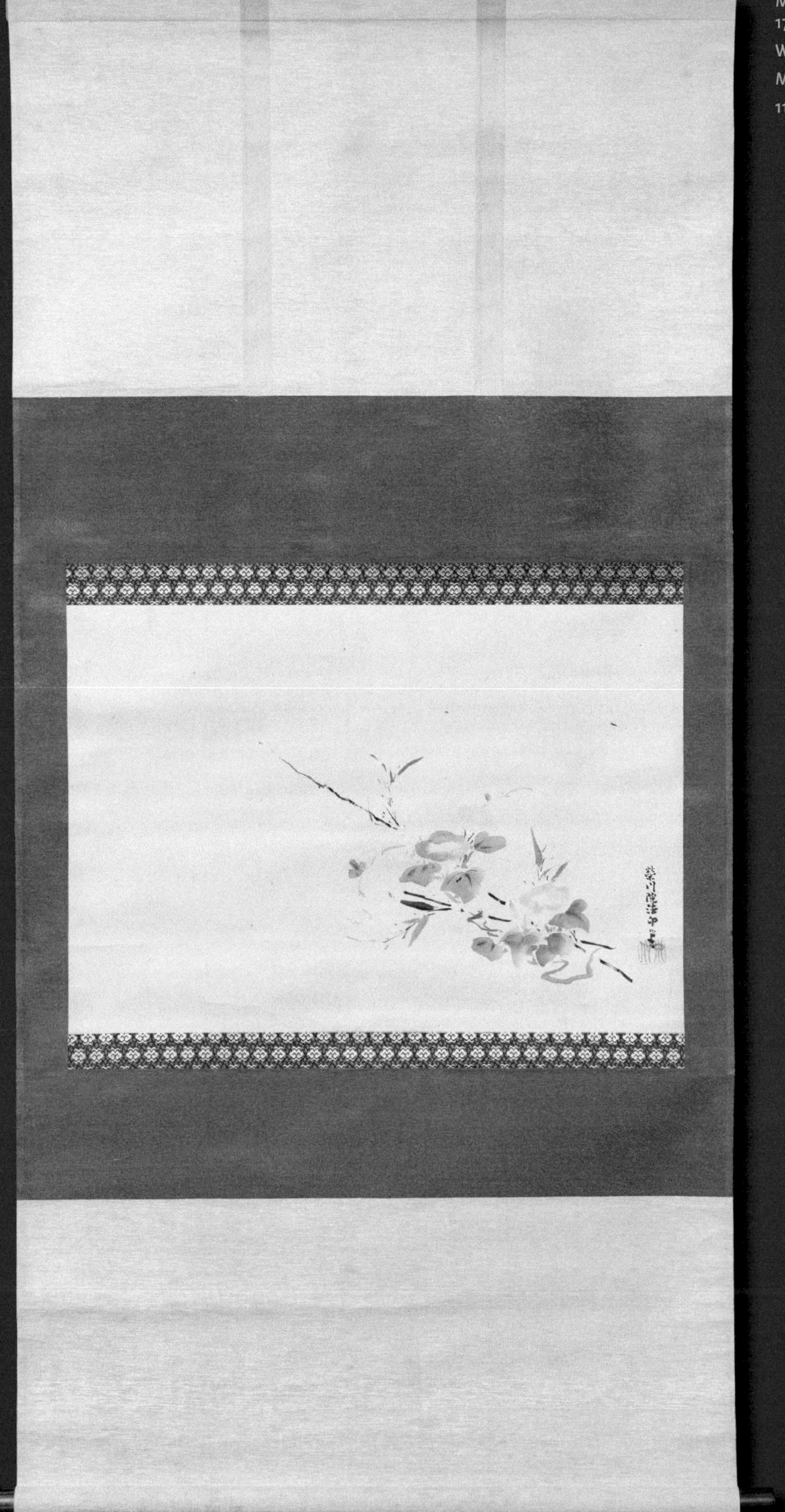

Michinobu Kanō (Eisen
1730–1790
Windenblüten
Morning Glories
119,5 × 56,5 cm

Unbekannt | Unknown
Schwalbe auf Lotus und Waka-Gedicht
Swallow on Lotus and Waka Poem
187,5 × 32 cm

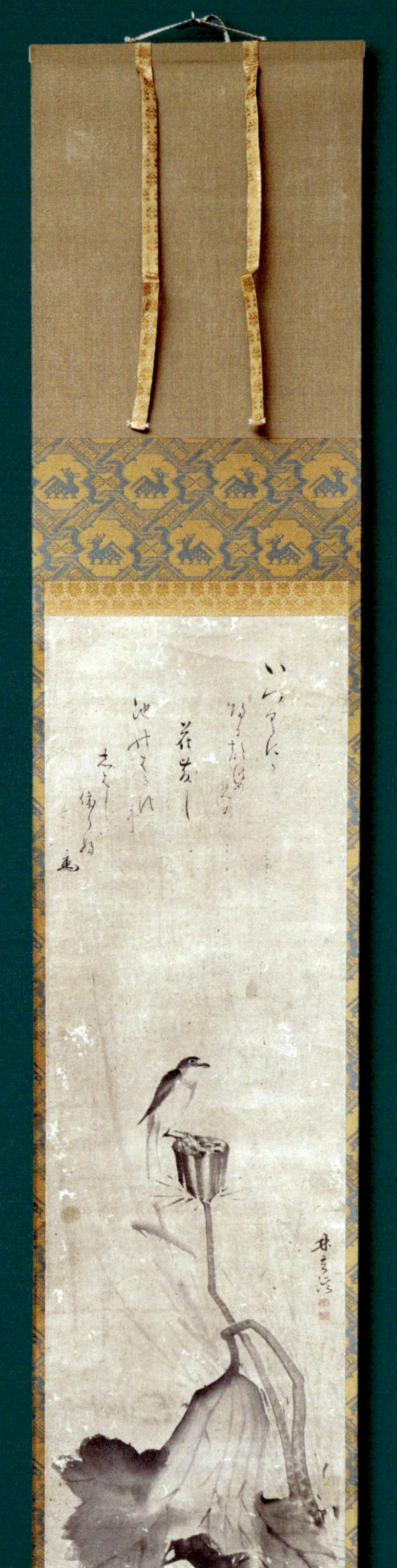

Chikanobu Kanō
1660–1728
Reiher im Schilf
Heron in the Reeds
154,5 × 31 cm

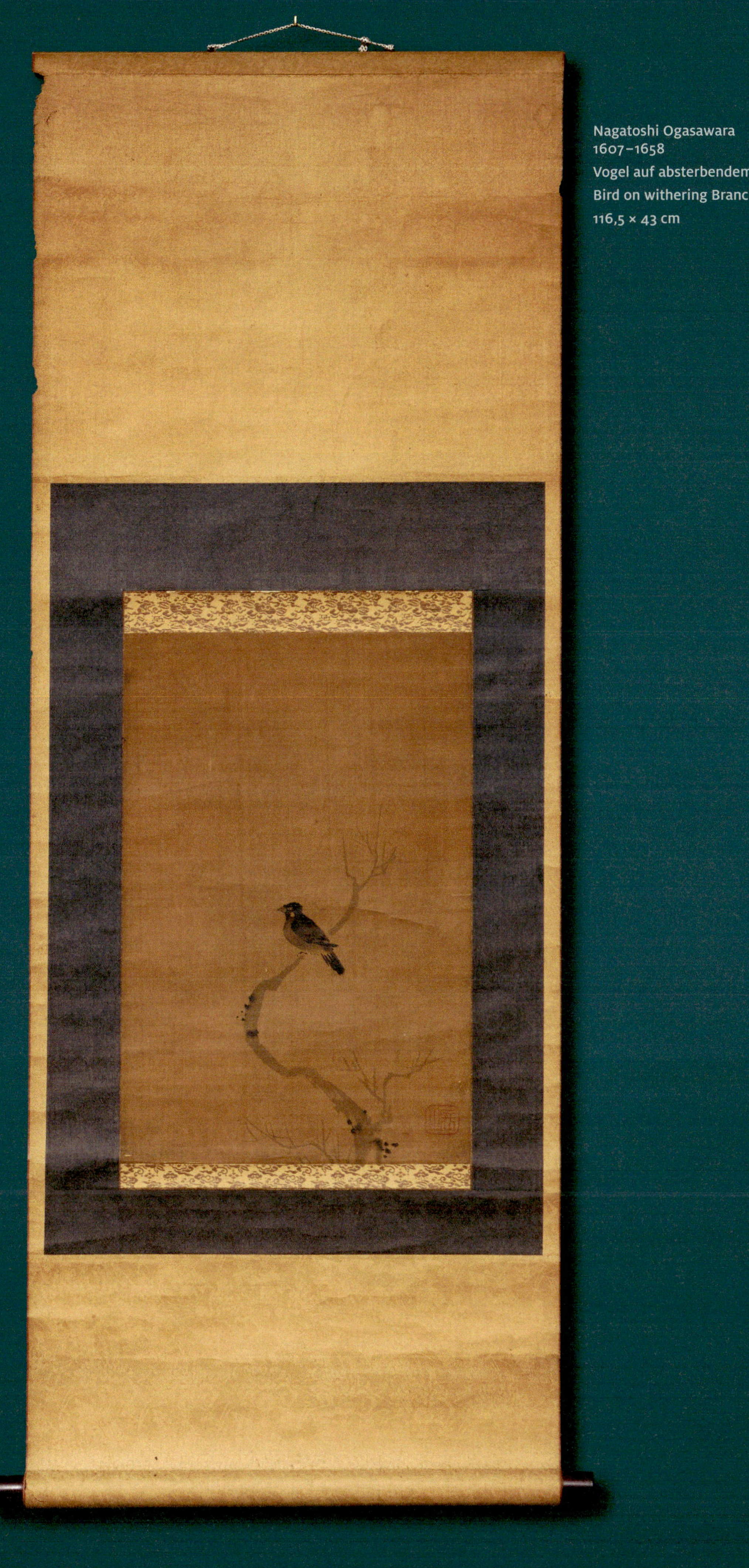

Nagatoshi Ogasawara
1607–1658
Vogel auf absterbendem Ast
Bird on withering Branch
116,5 × 43 cm

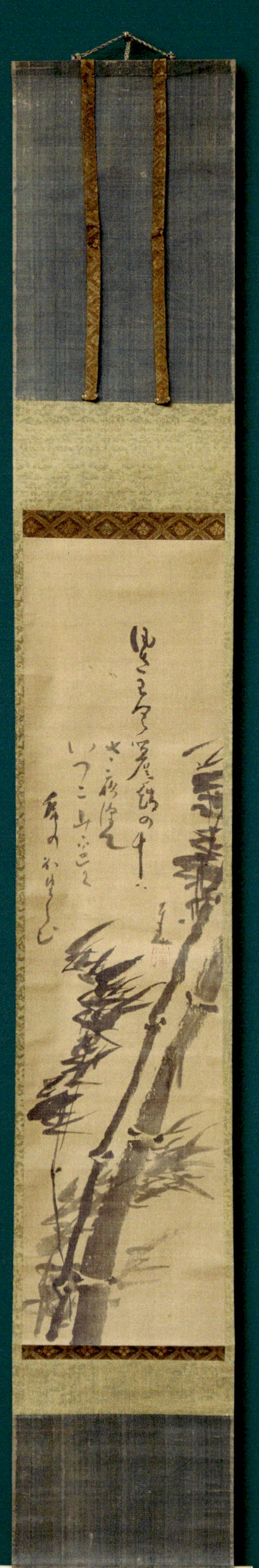

Sengai Gibon
1750–1837
Bambus im Wind
Bamboo in the Wind
168,5 × 24,5 cm

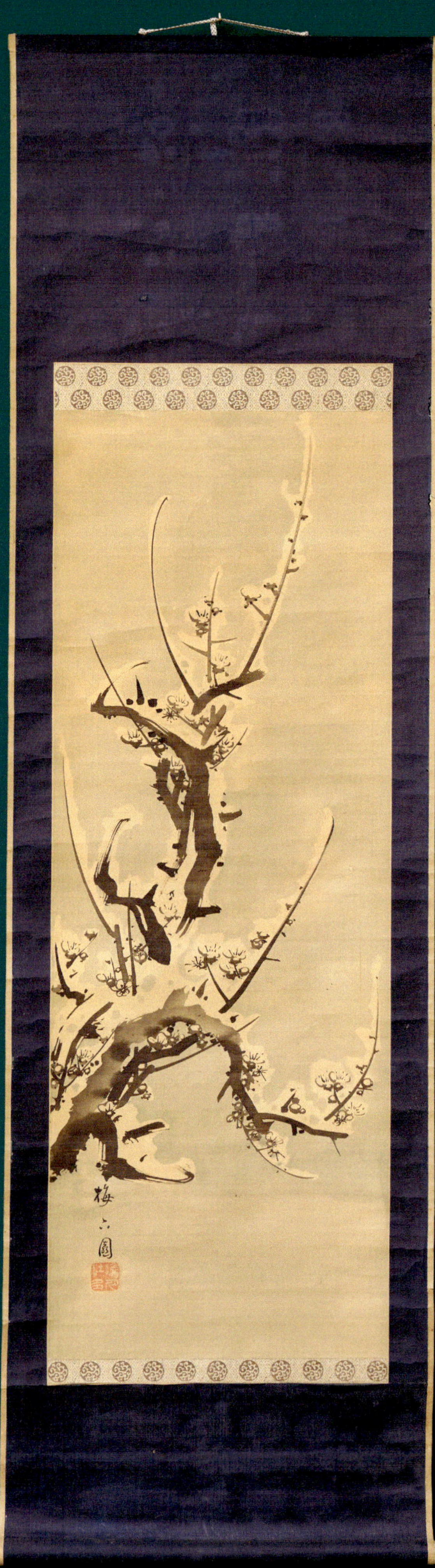

Baiō Katō
um 1854
Blühender Pflaumenbaum
im Schnee
Blossoming Plum Tree
in the Snow
163 × 46 cm

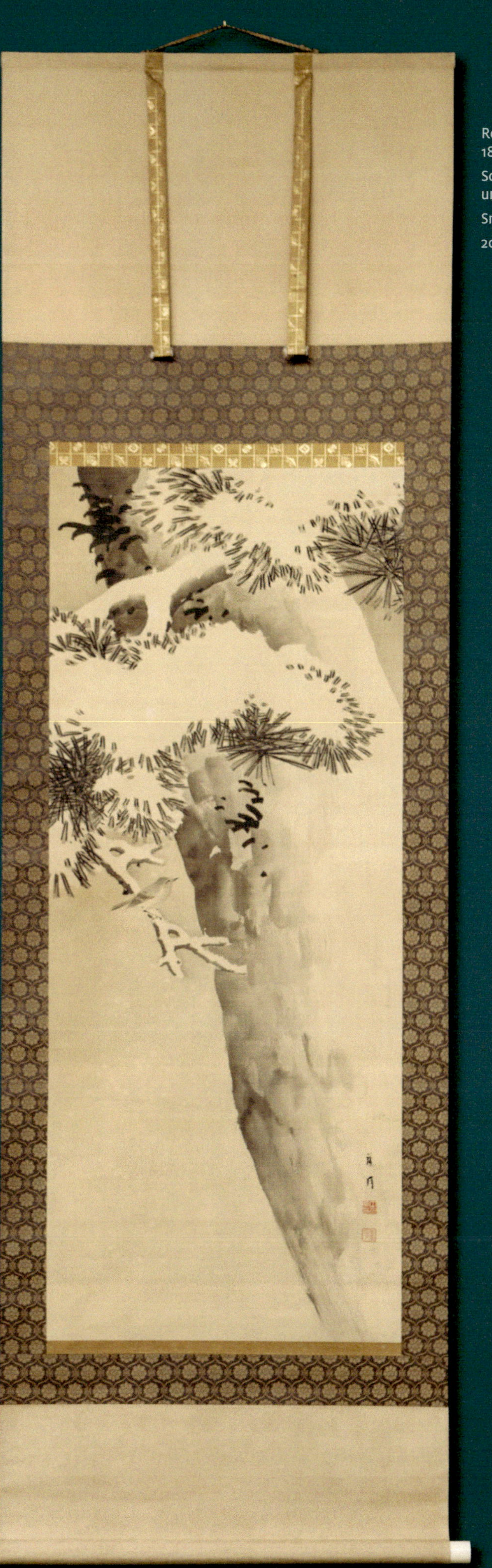

Rogetsu Nakagawa
1859–1924
Schneebedeckte Kiefer
und Nachtigall
Snow covered Pine and Nightingale
204,5 x 61 cm

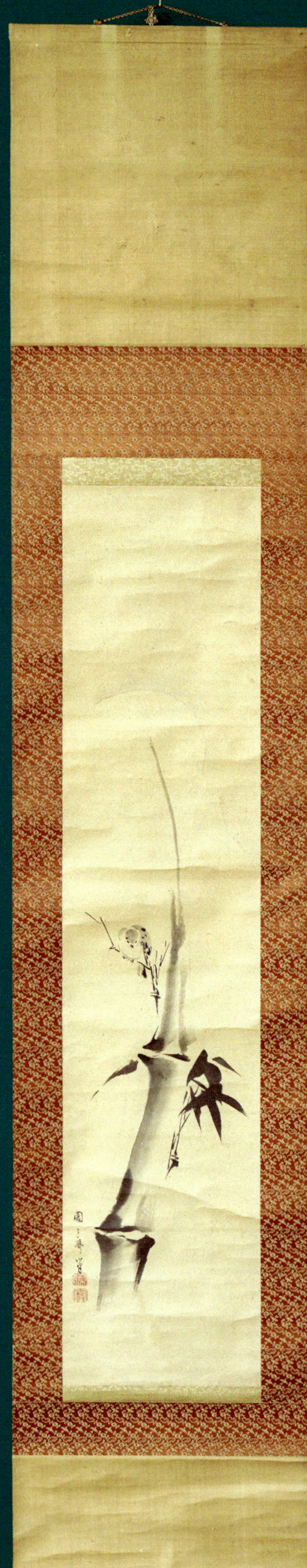

Shōjaku Suyama (Enensai)
1824–1882
Bambus und Sperling
Bamboo and Sparrow
185 × 35 cm

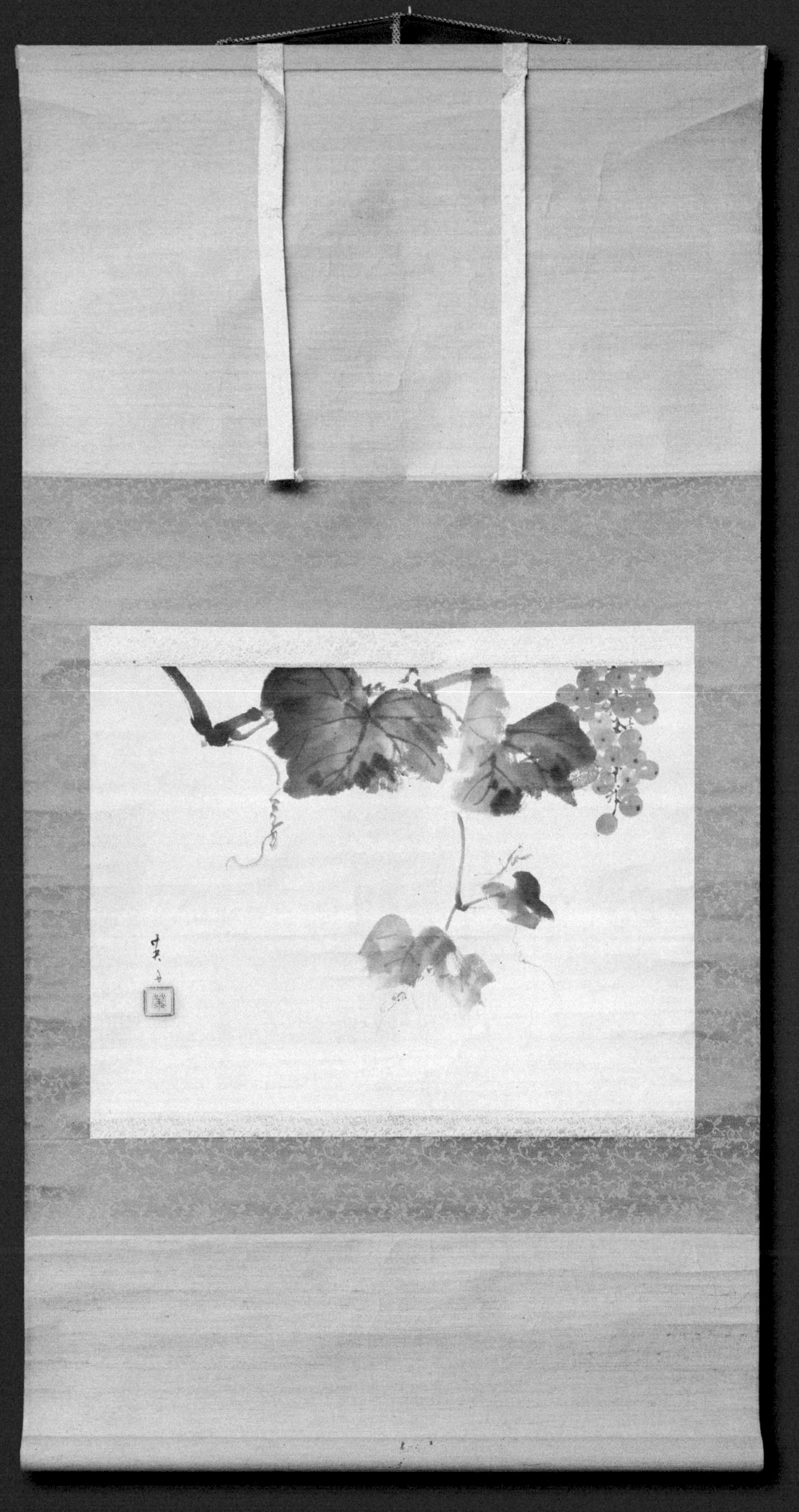

Eishū Katō
1873–1939
Weinrebe
Grapevine
120,5 × 63 cm

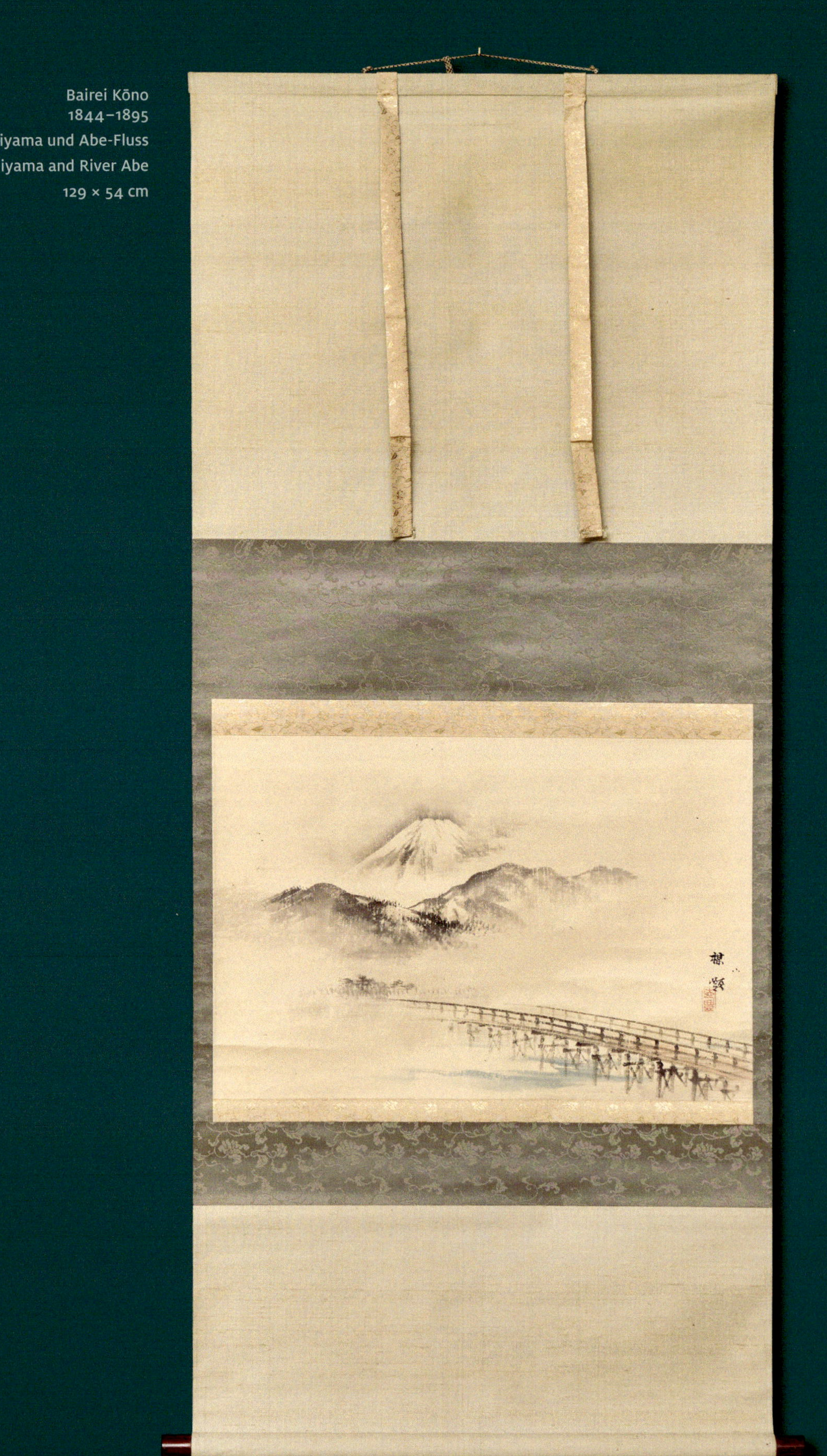

Bairei Kōno
1844–1895
Fujiyama und Abe-Fluss
Fujiyama and River Abe
129 × 54 cm

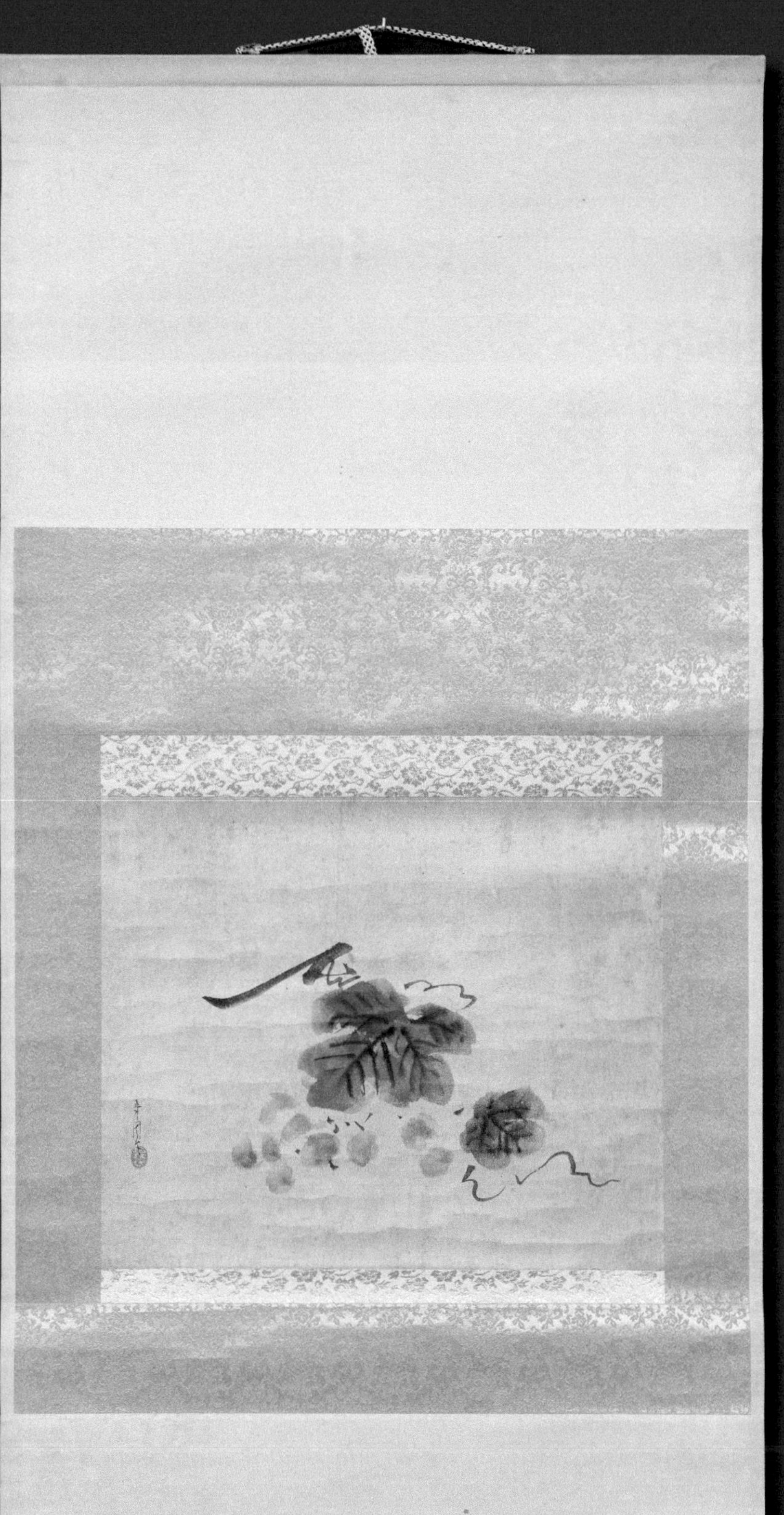

Jōan Kōtari
1628–?
Weinblätter und Trauben
Vine leaves and Grapes
104,5 × 48,5 cm

Kōchō Ueda
1788–1850
Frosch auf Lotusblatt
Frog on Lotus Leaf
171,5 × 50,5 cm

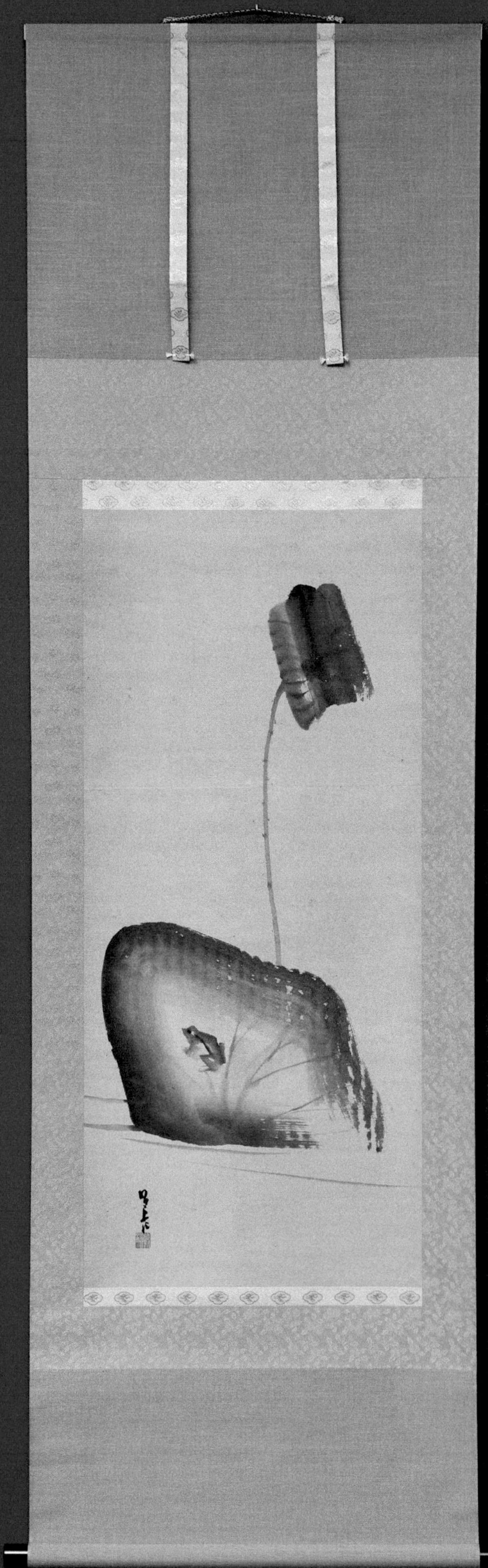

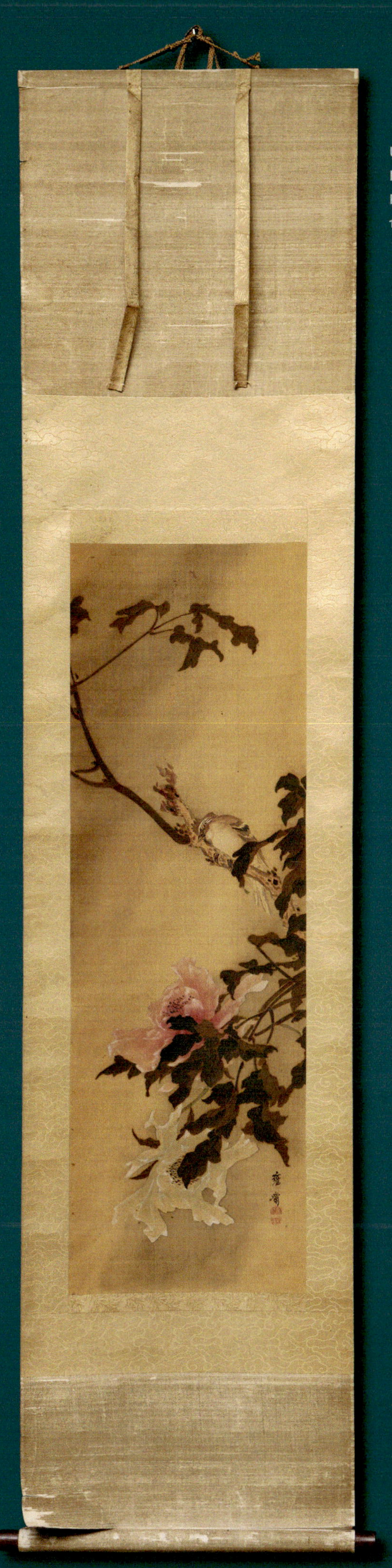

Unbekannt | Unknown
Päonien und Vogel
Peonies and Bird
116,5 × 38 cm

Suzuki Koshō
?–1923
Chrysantheme
Chrysanthemum
192,5 × 43,5 cm

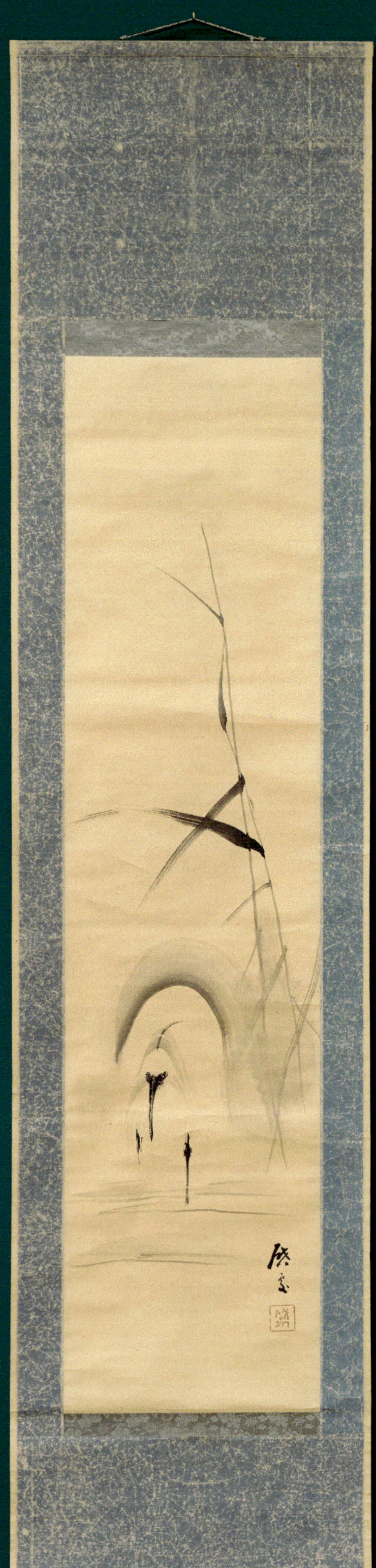

Unbekannt | Unknown
Reiher
Heron
187 × 43 cm

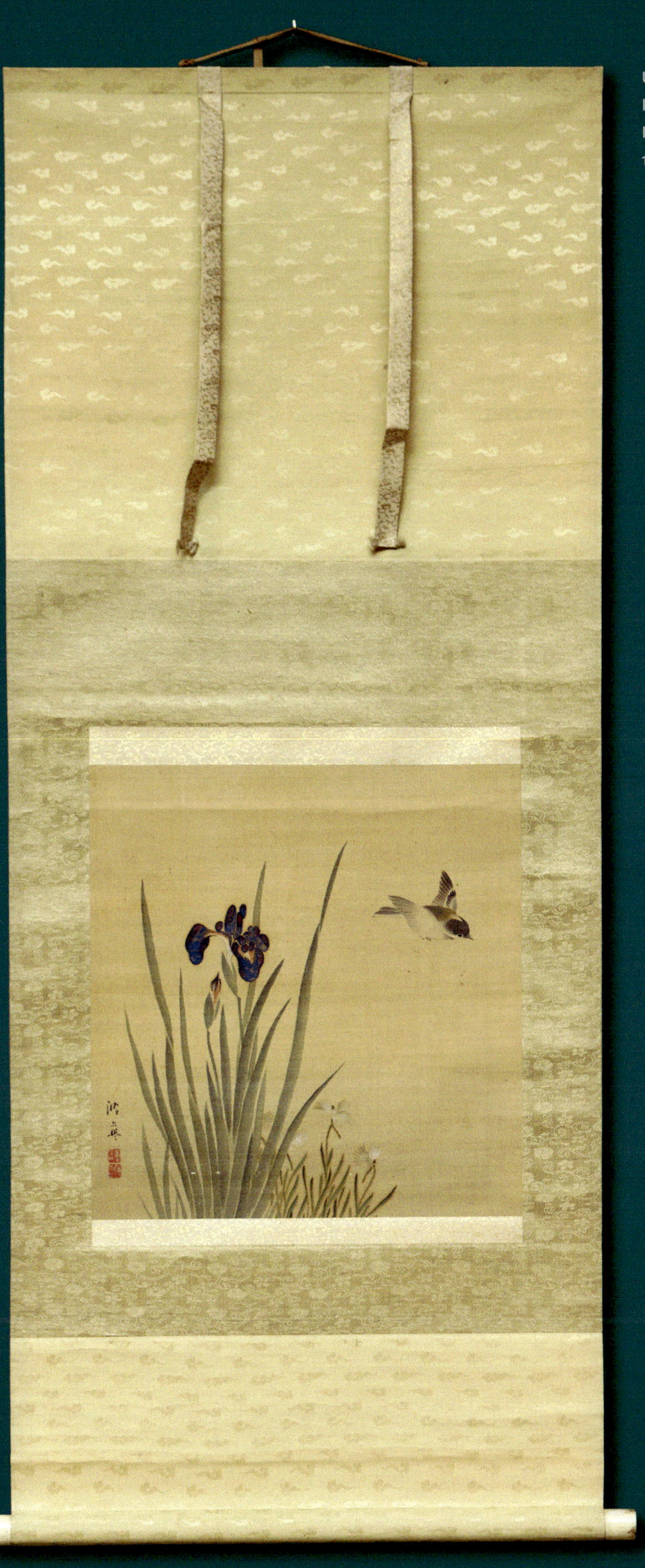

Unbekannt | Unknown
Iris und Meise
Iris and Titmouse
117,5 × 47 cm

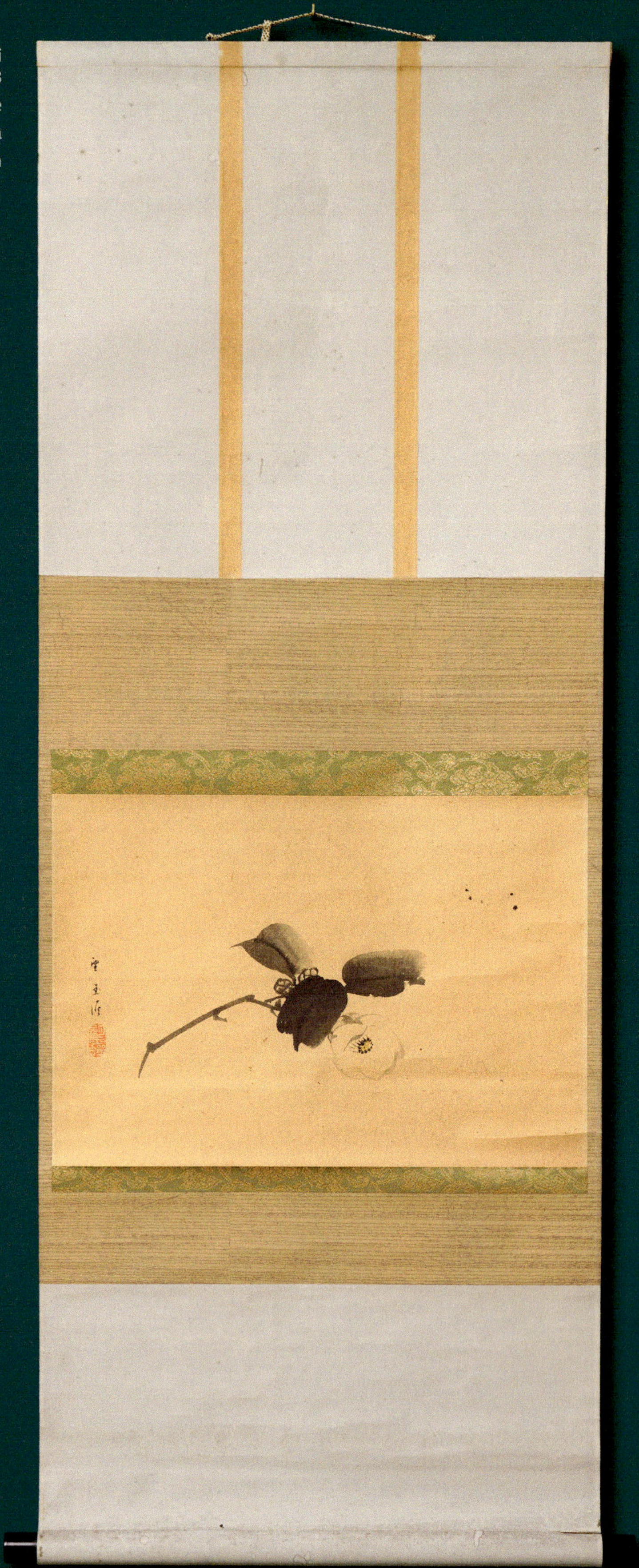

Gyokukei Mochizuki
1874–1938
Weiße Kamelie
White Camellia
113 × 42,5 cm

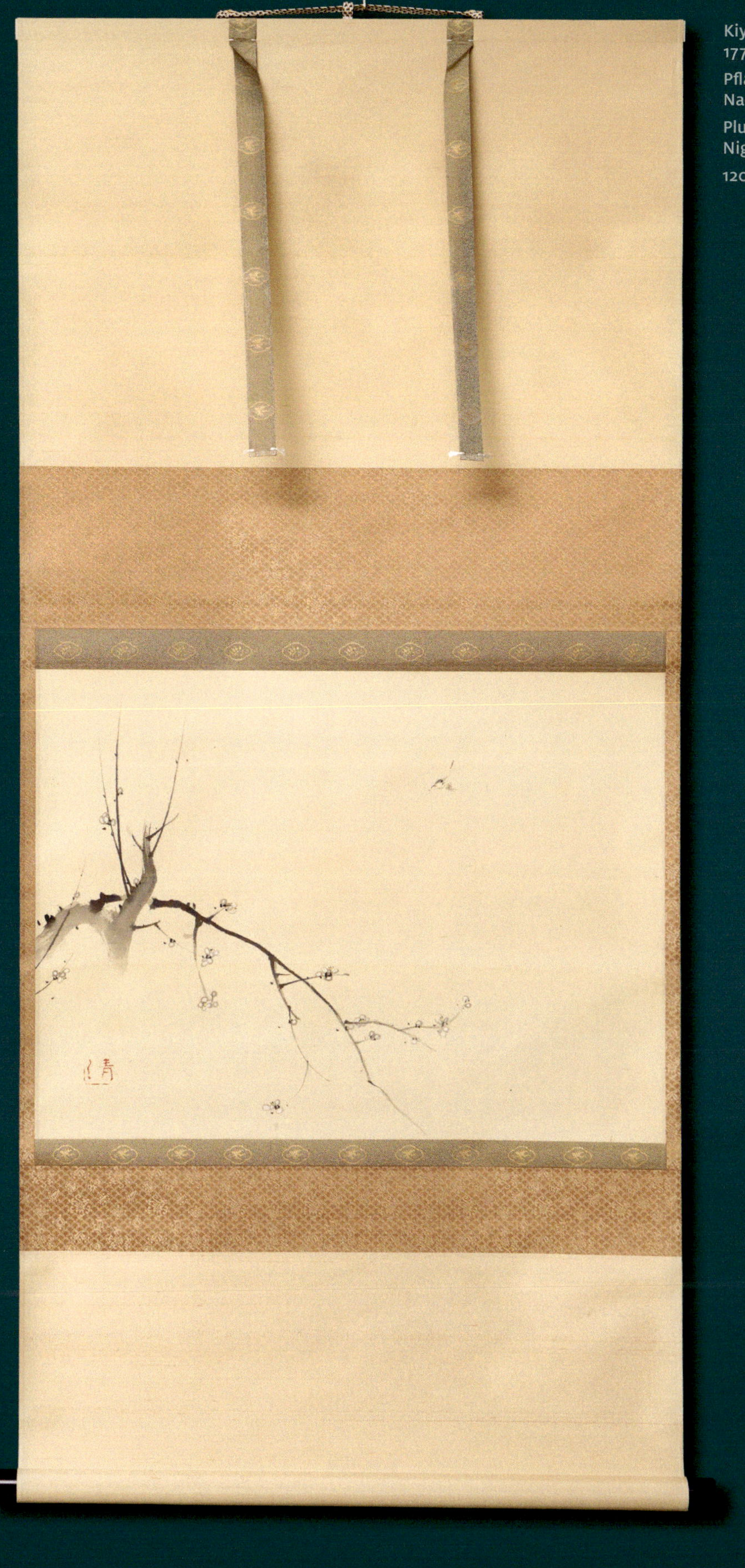

Kiyoshi Watanabe
1778–1861

Pflaumenzweige und Nachtigall

Plum Branches and Nightingale

120 × 53,5 cm

Shinkei Mokusō
1780–1824/1837
Landschaft
Landscape
124 × 61 cm

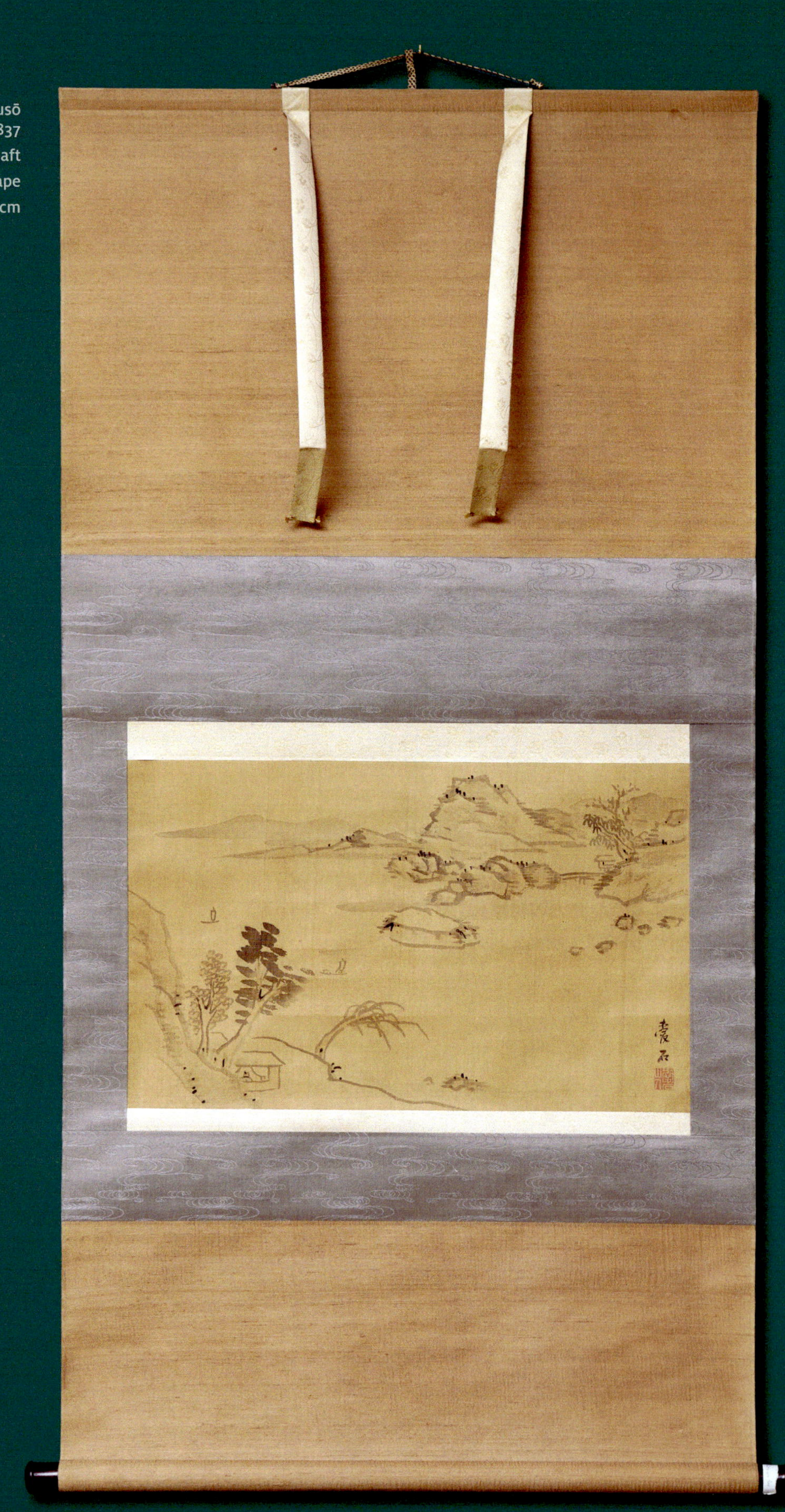

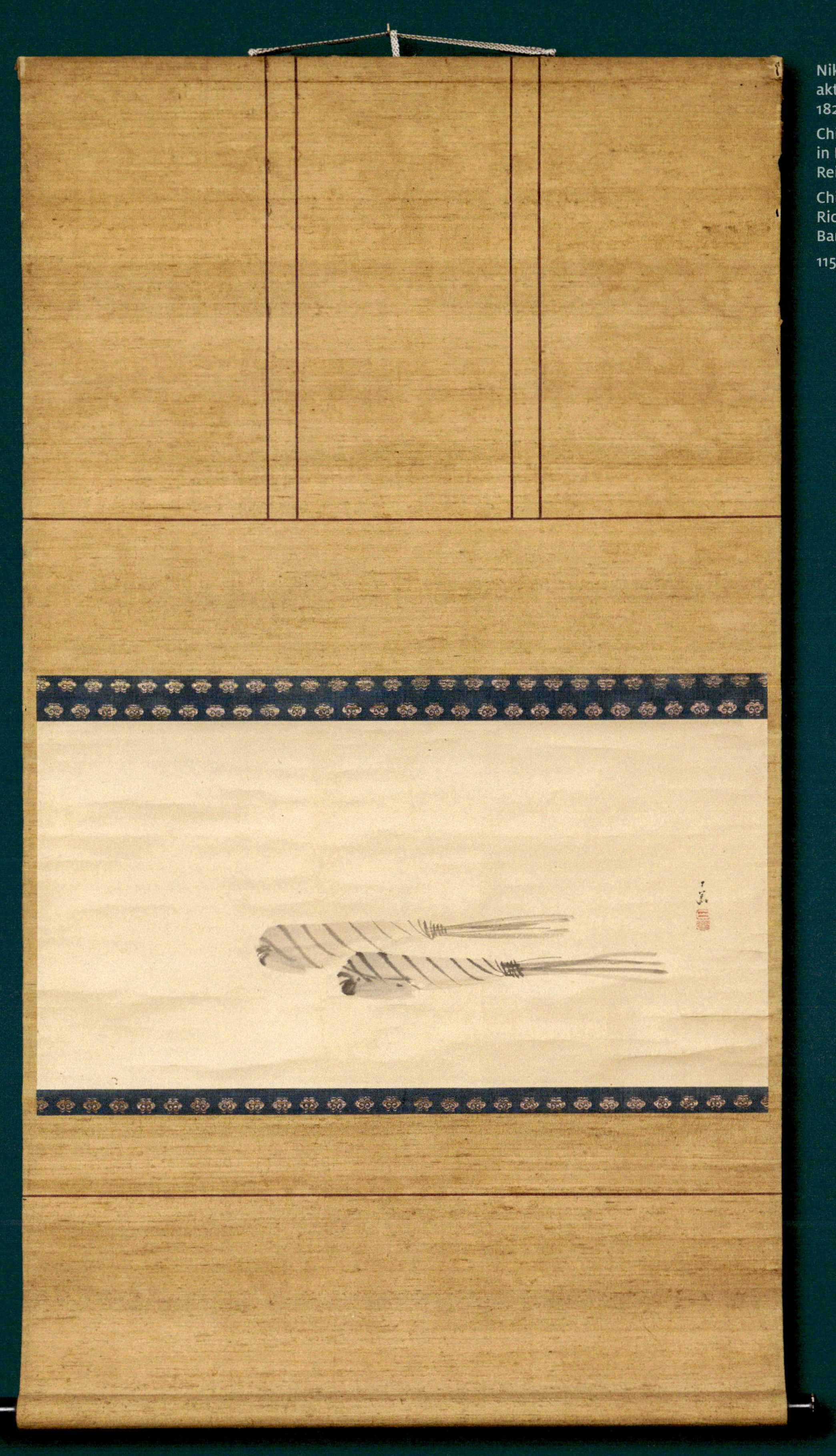

Nikka Tanaka
aktive Zeit | active time:
1828–1845

Chimaki –
in Bambusblatt gewickelter
Reiskuchen

Chimaki –
Rice Cake wrapped in a
Bamboo Leaf

115 × 63,5 cm

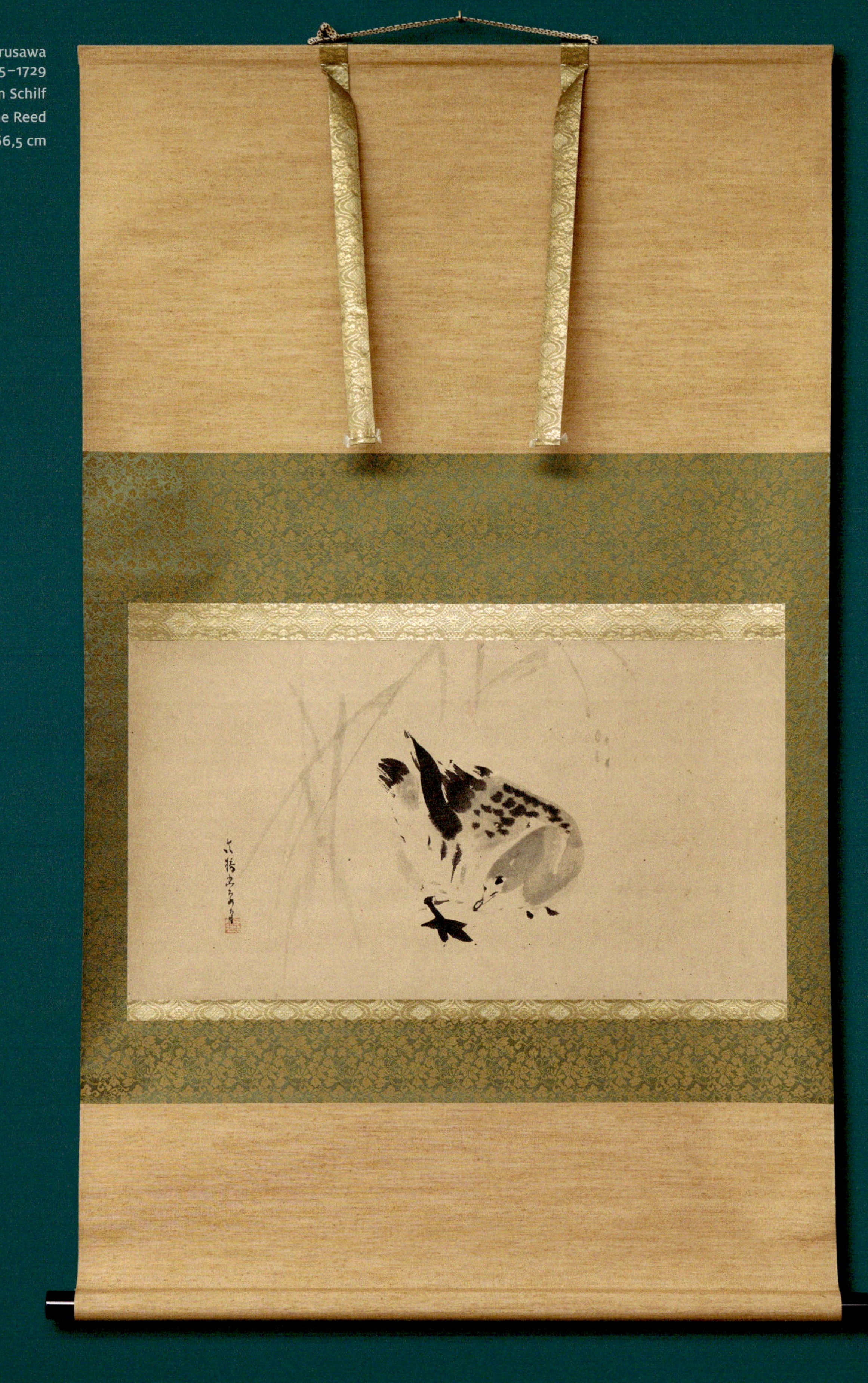

Tanzan Tsurusawa
1655–1729
Wildgans im Schilf
Wild Goose in the Reed
112,5 × 66,5 cm

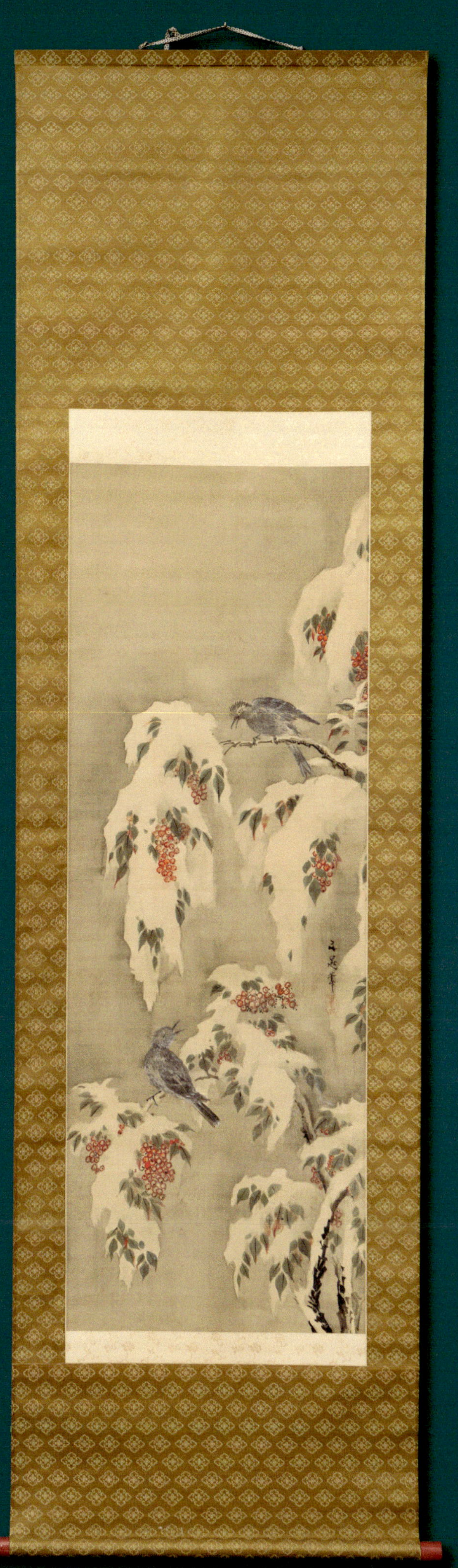

Bunchō Tani
1763–1840

Schneebedeckte Nandine mit zwei Vögeln

Snow covered Nandina with two Birds

205,5 × 55,5 cm

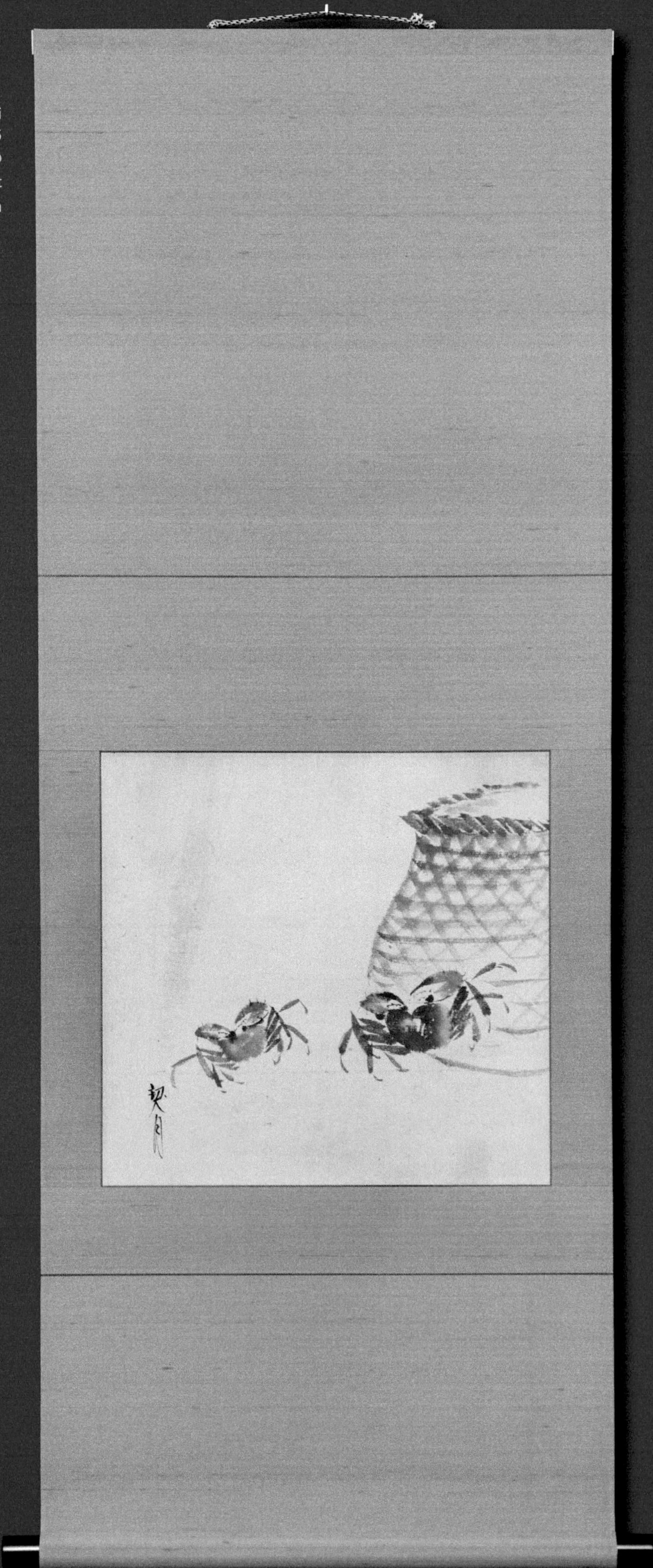

Keigetsu Kikuchi
1879–1955
Krabben und Korb
Crabs and Basket
106 × 40 cm

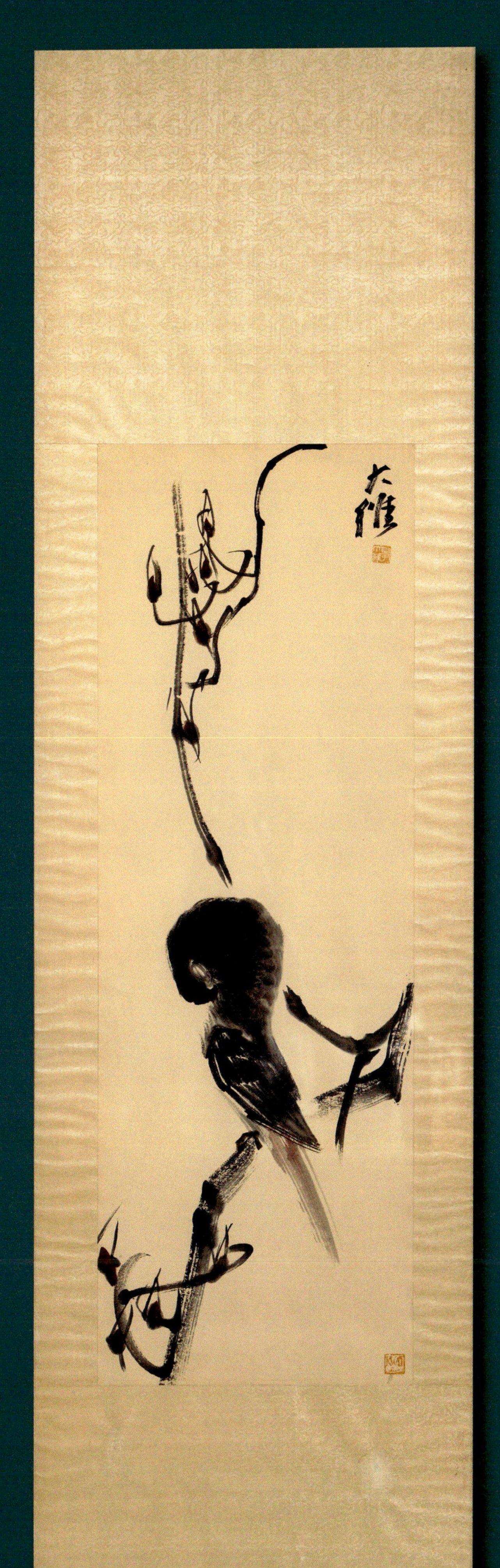

Unbekannt | Unknown
Papagei
Parrot
185,5 × 62 cm

Sobun Ono
1877–?

Dachziegel, Nelken und Gottesanbeterin

Roof Tiles, Carnations and Praying Mantis

134 × 57,5 cm

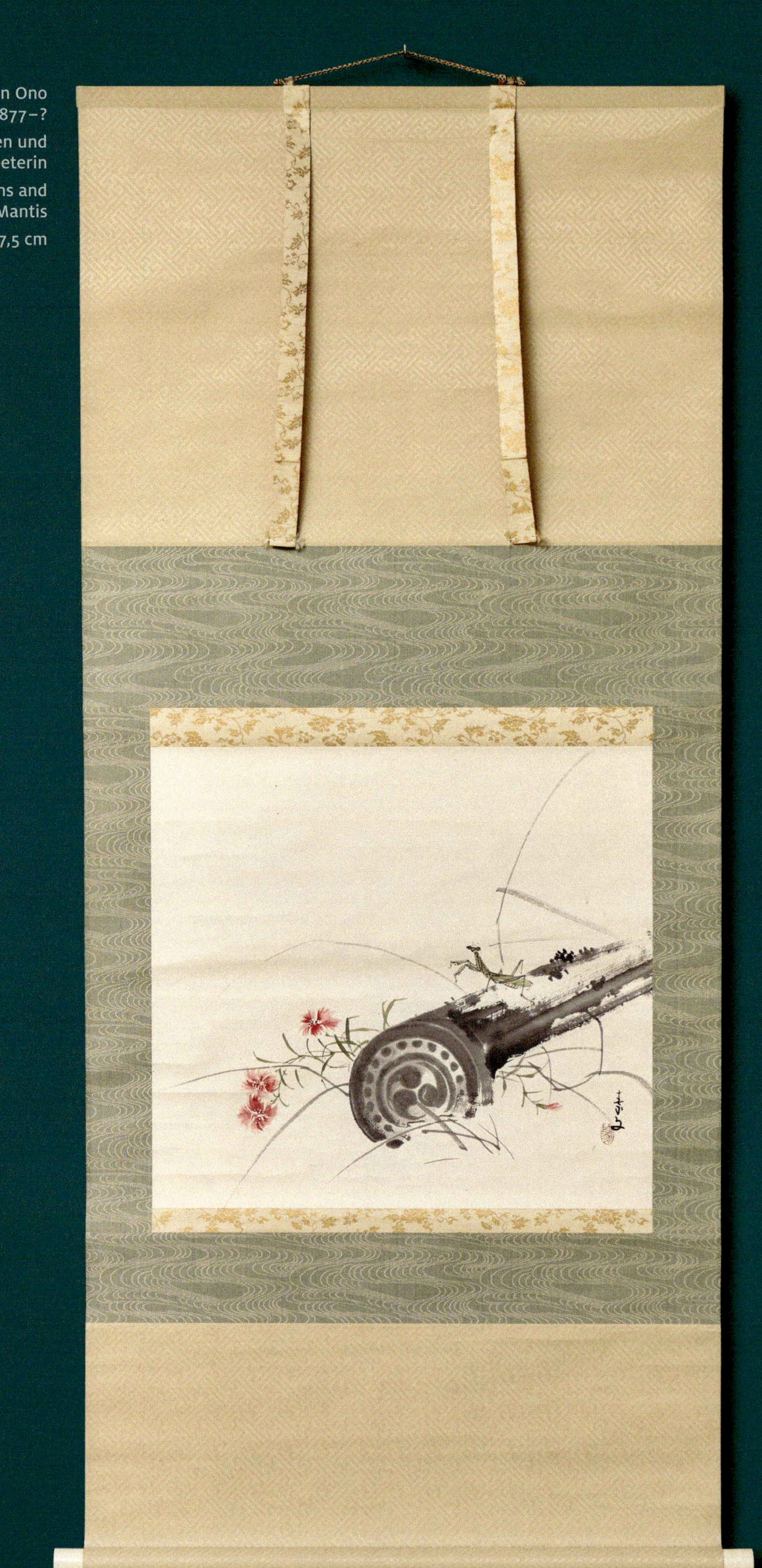

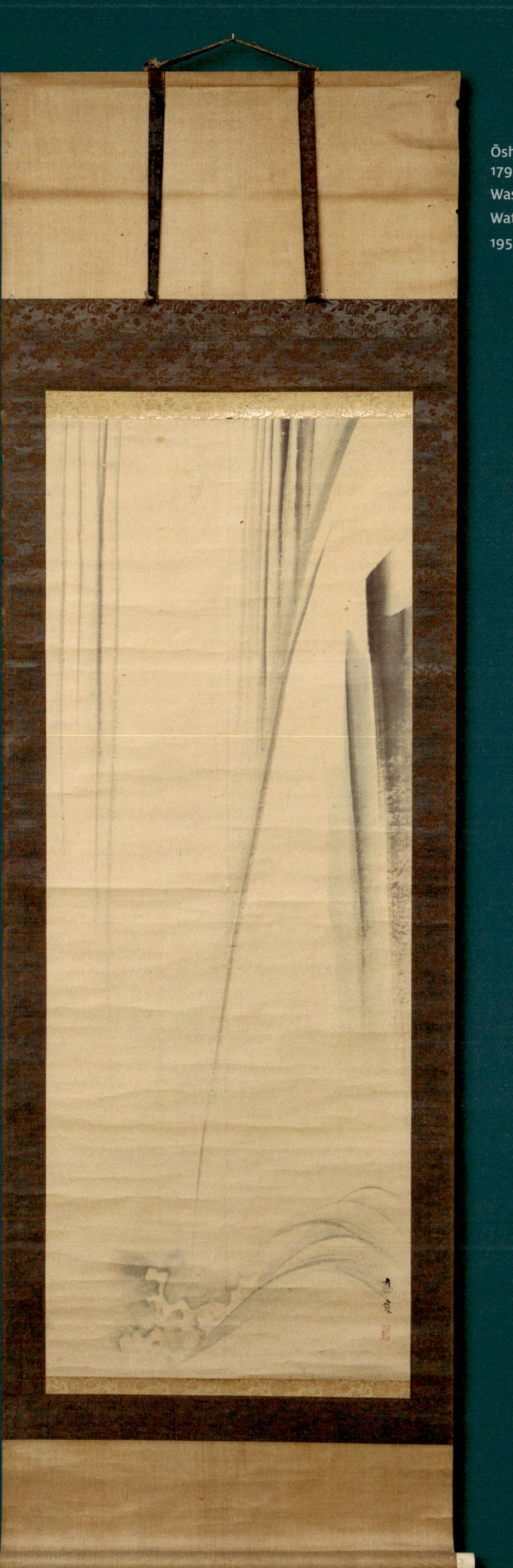

Ōshin Maruyama
1790–1838
Wasserfall
Waterfall
195,5 × 59 cm

Takatomo Nishiōji
1738–1799
Blühender
Pflaumenzweig
Blossoming
Plum Branch
175 × 38,5 cm

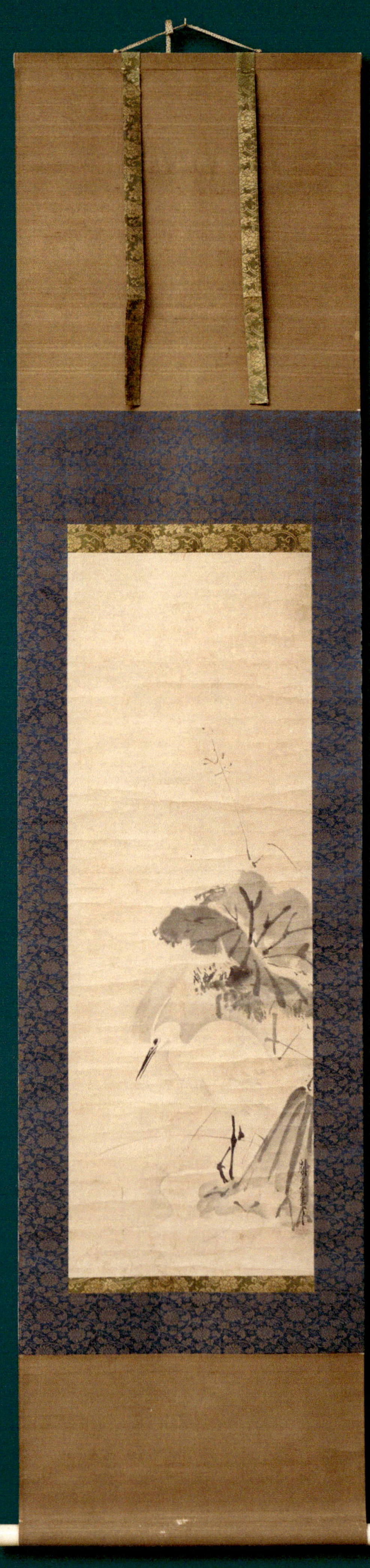

Shugen
1469–1504
Silberreiher und
Lotusblätter
Great white Heron
and Lotus Leaves
163 × 37 cm

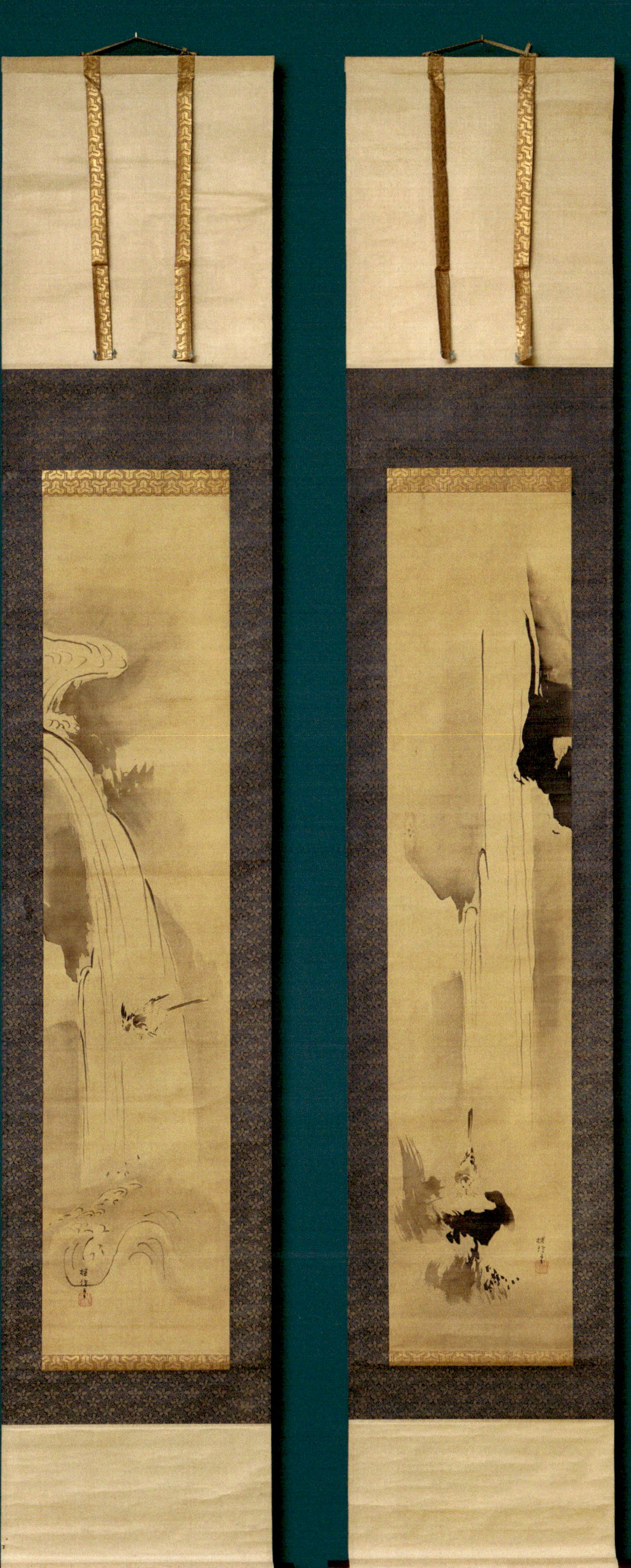

Tanshin Kanō (Morimasa)
1653–1718
Wasserfall mit Vogel
Waterfall with Bird
195 × 34,5 cm

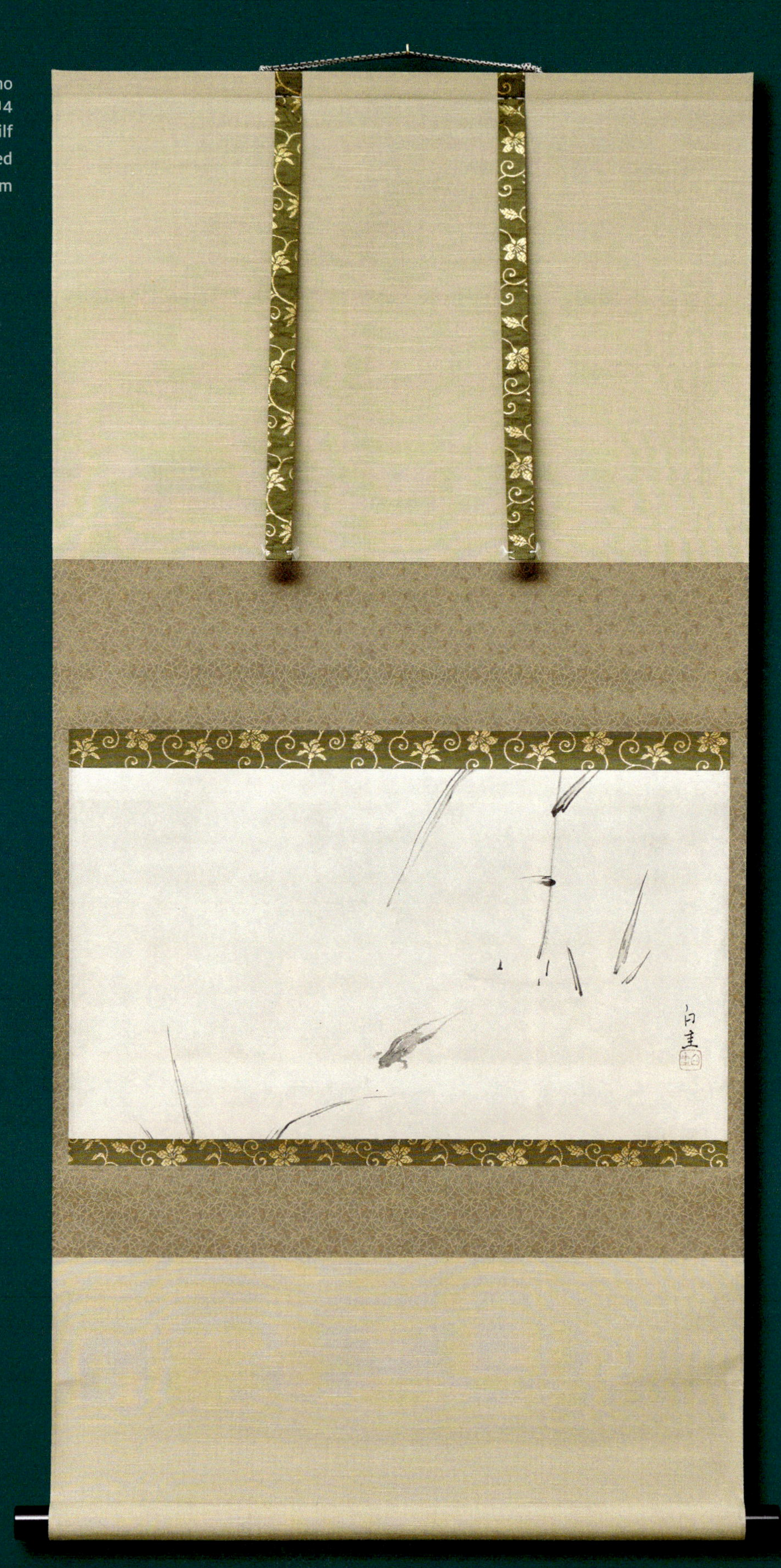

Hakkei Hibino
1825–1914
Wasser, Frosch und Schilf
Water, Frog and Reed
114 × 54 cm

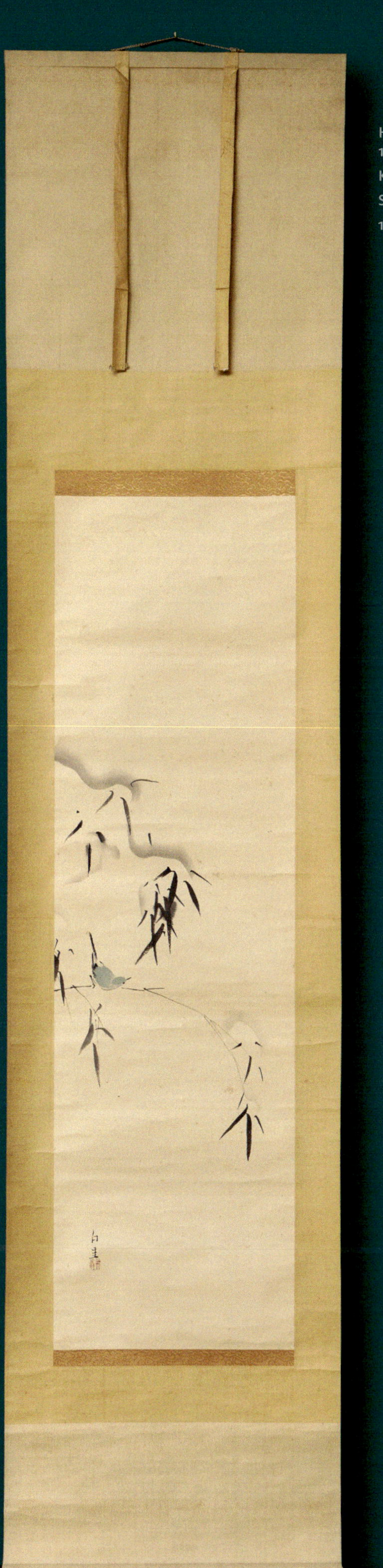

Hakkei Hibino
1825–1914
Kleiner Vogel im verschneiten Bambus
Small Bird in snowy Bamboo
196,5 × 43 cm

Tanshin Kanō (Morimasa)
1653–1718
Schwalben über Wellen
Swallows above Waves
117 × 63,5 cm

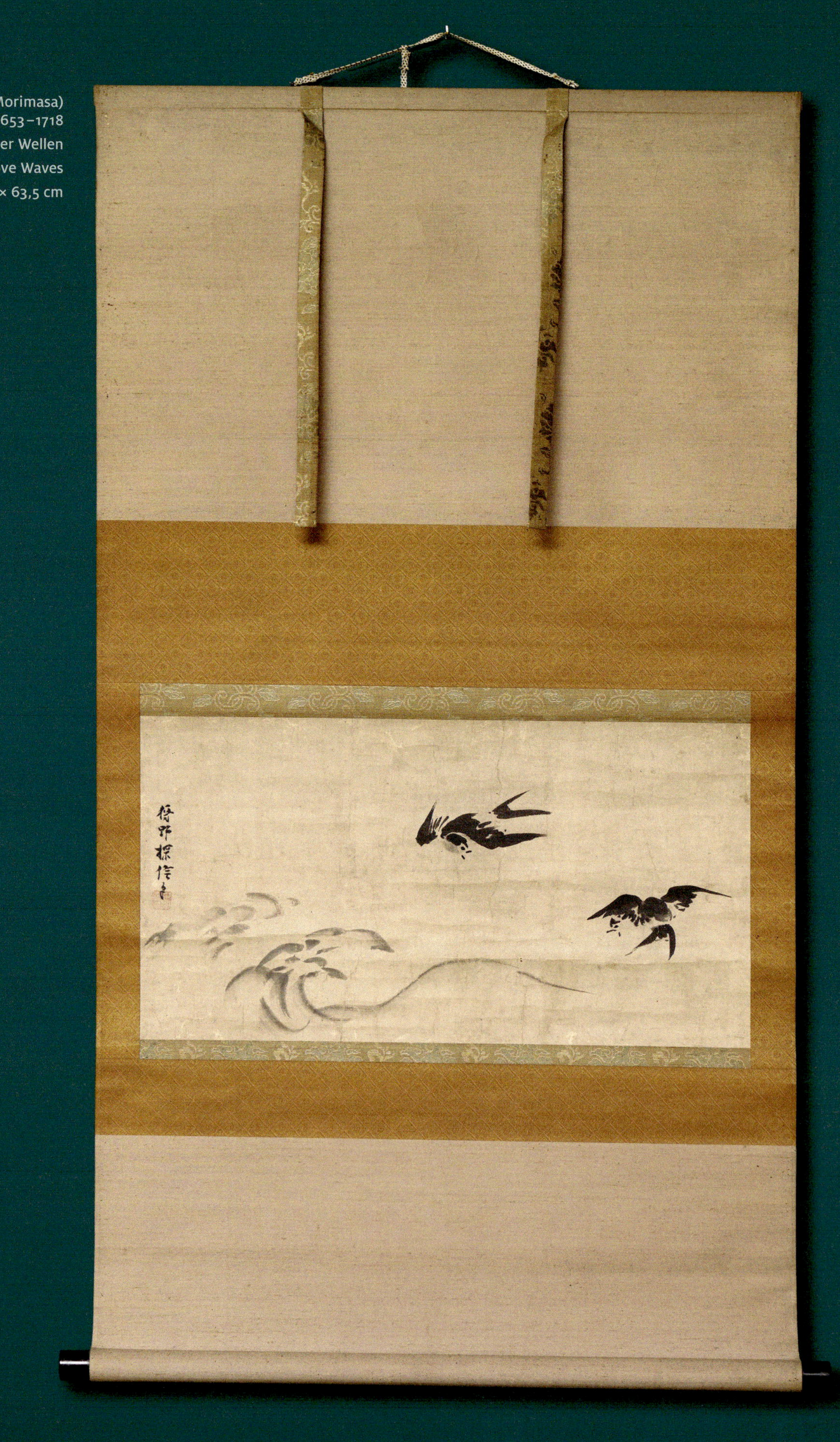

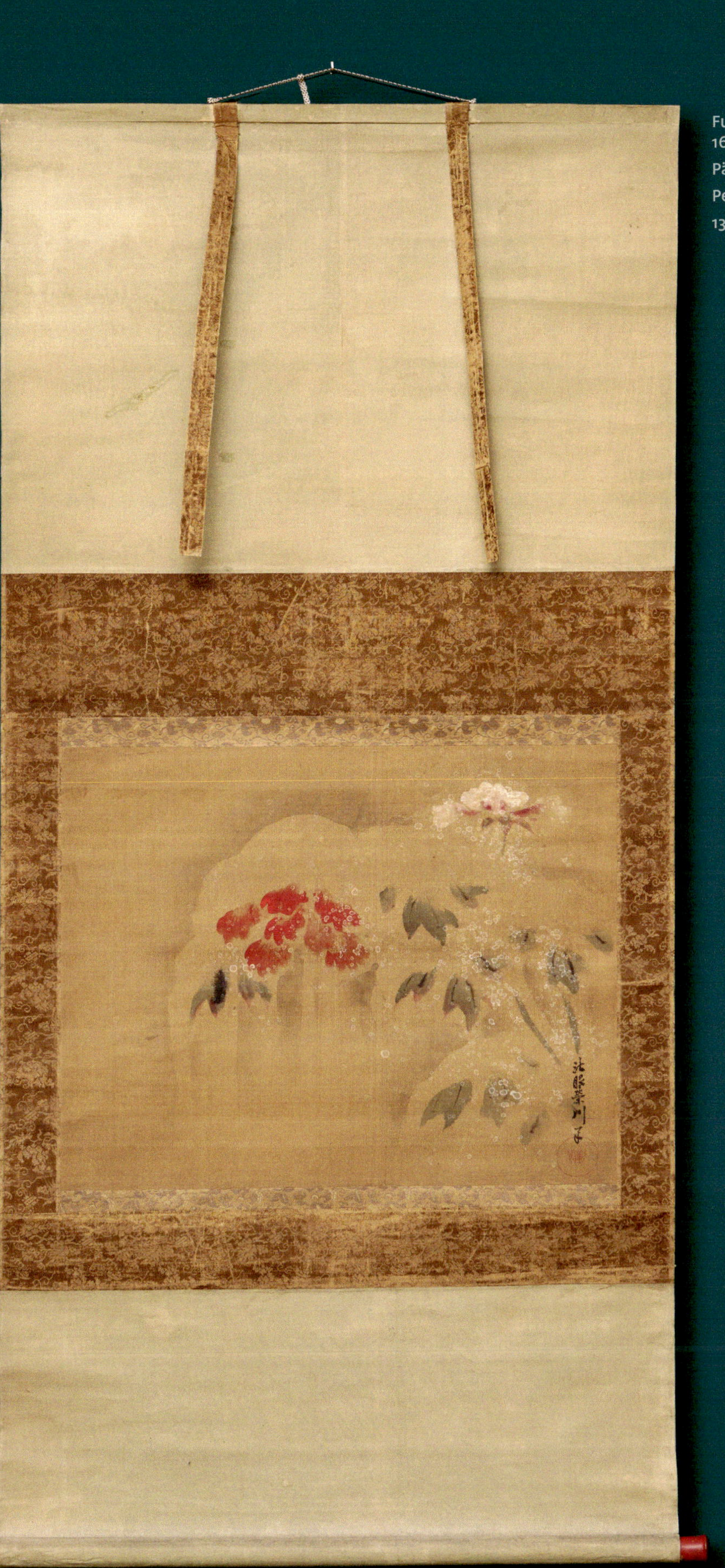

Furunobu Kanō (Eisen)
1696 – 1731
Päonien im Schnee
Peonies in the Snow
133,5 × 62 cm

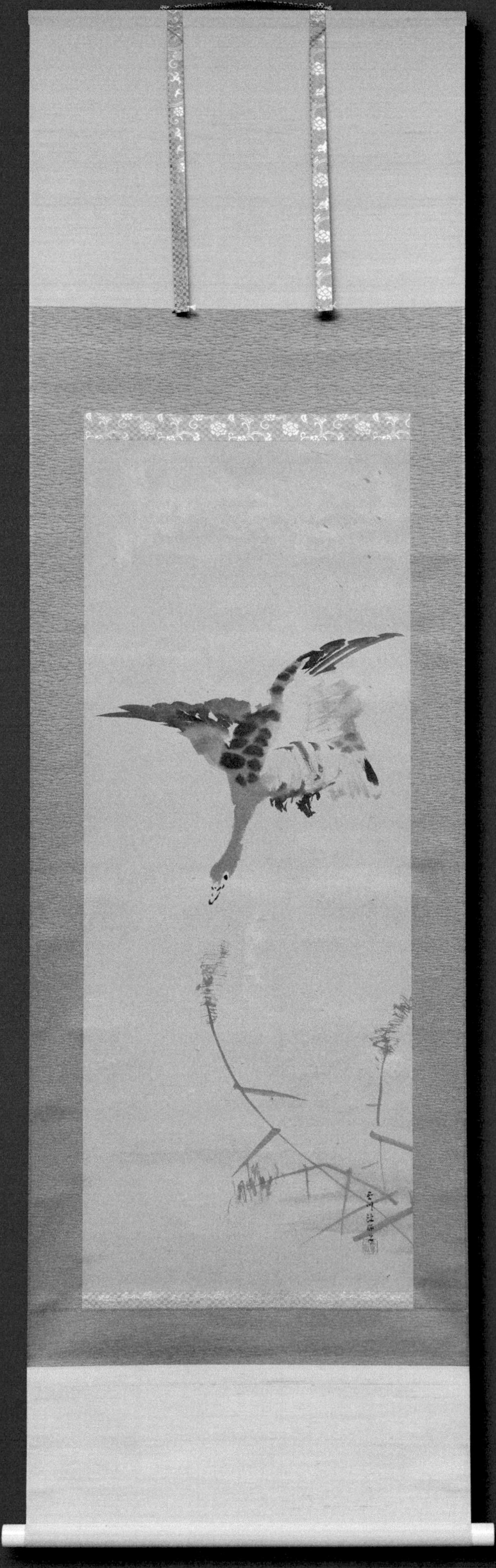

Korenobu Kanō (Yōsenin)
1753–1808
Gans und Schilf
Goose and Reeds
192 × 55 cm

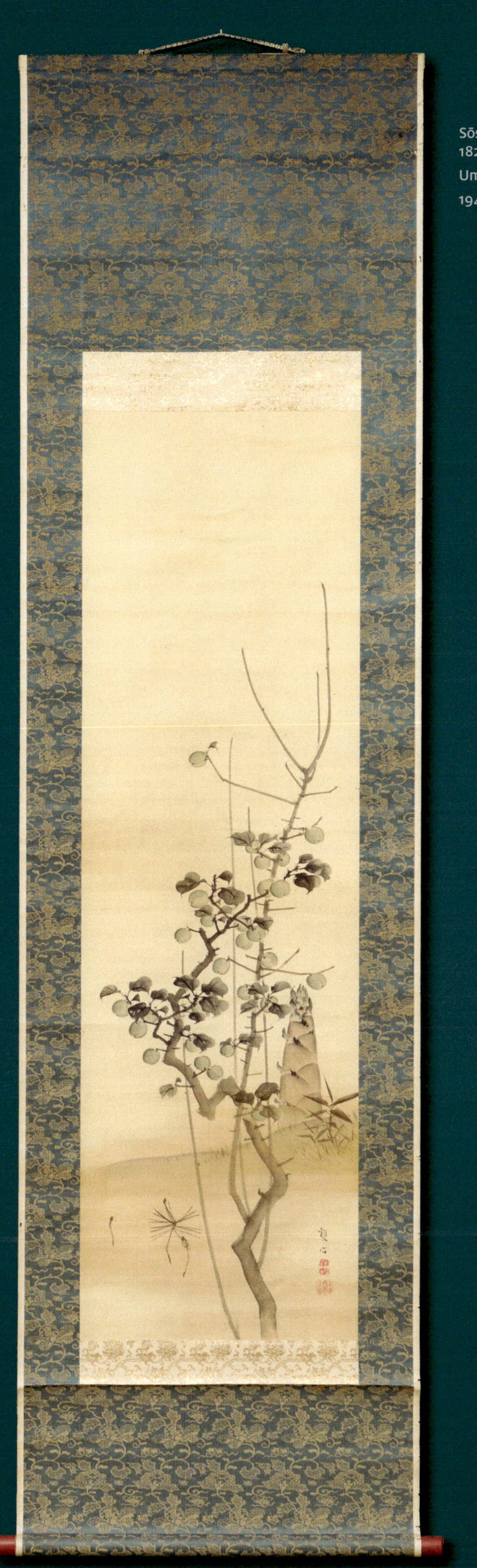

Sōseki Murase
1822–1877
Ume
194 × 52 cm

Unbekannt | Unknown
Bambus und Sperling
Bamboo and Sparrow
104 × 40 cm

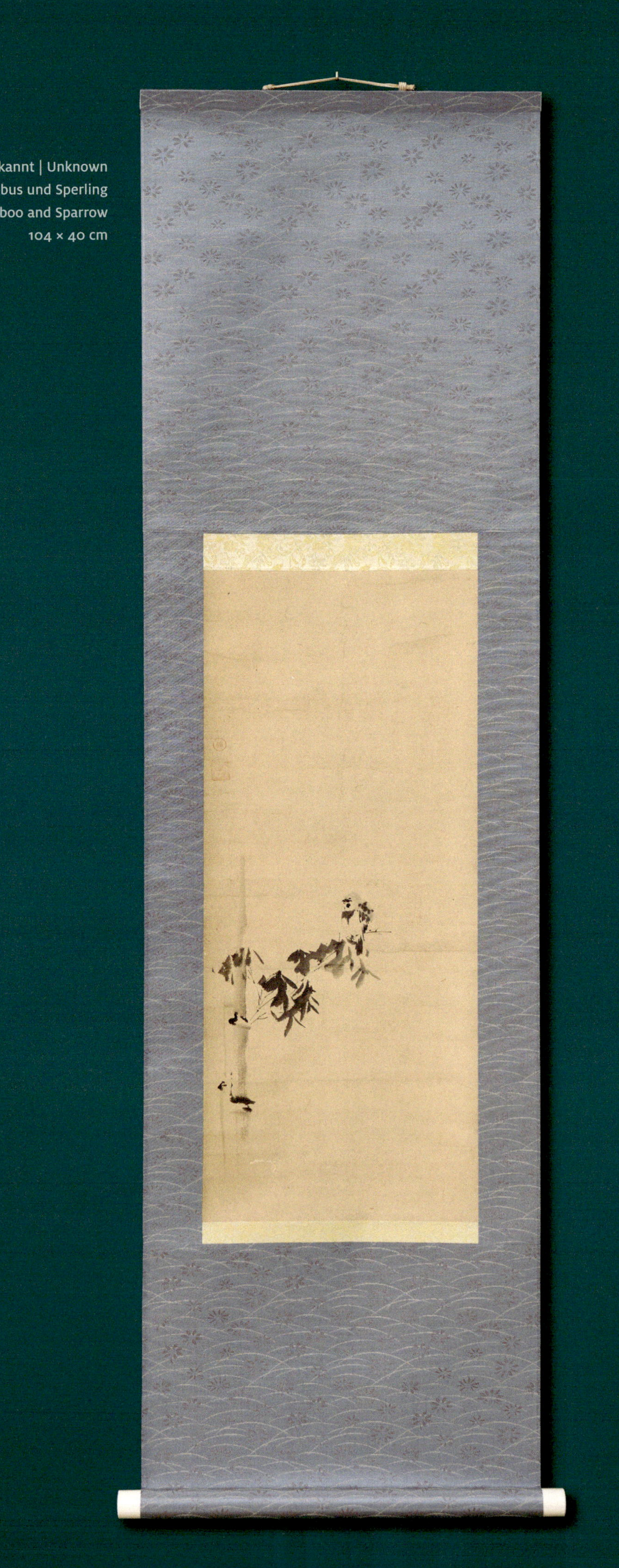

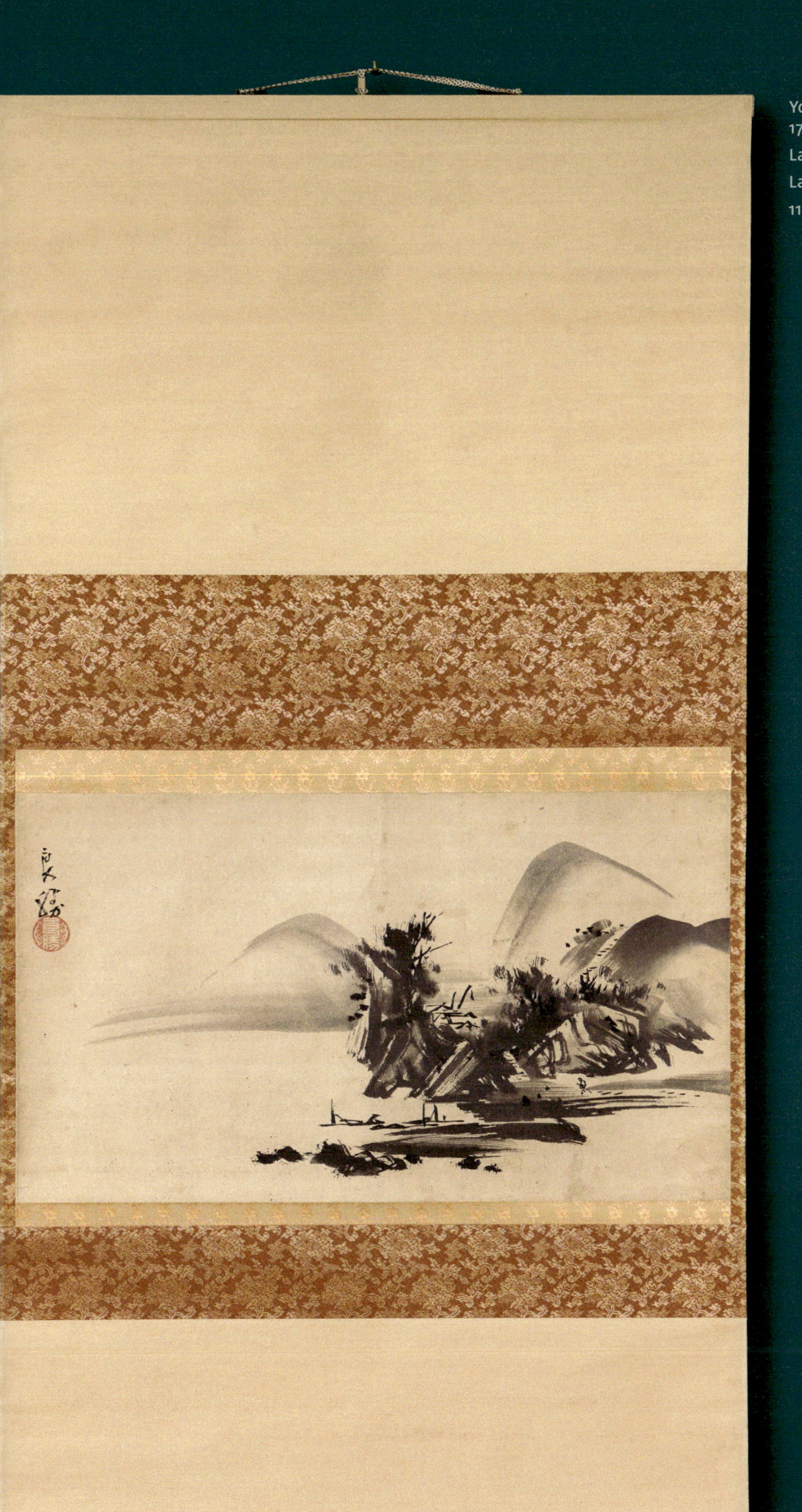

Yoshikatsu Yano
1760–1821
Landschaft
Landscape
117 × 60 cm

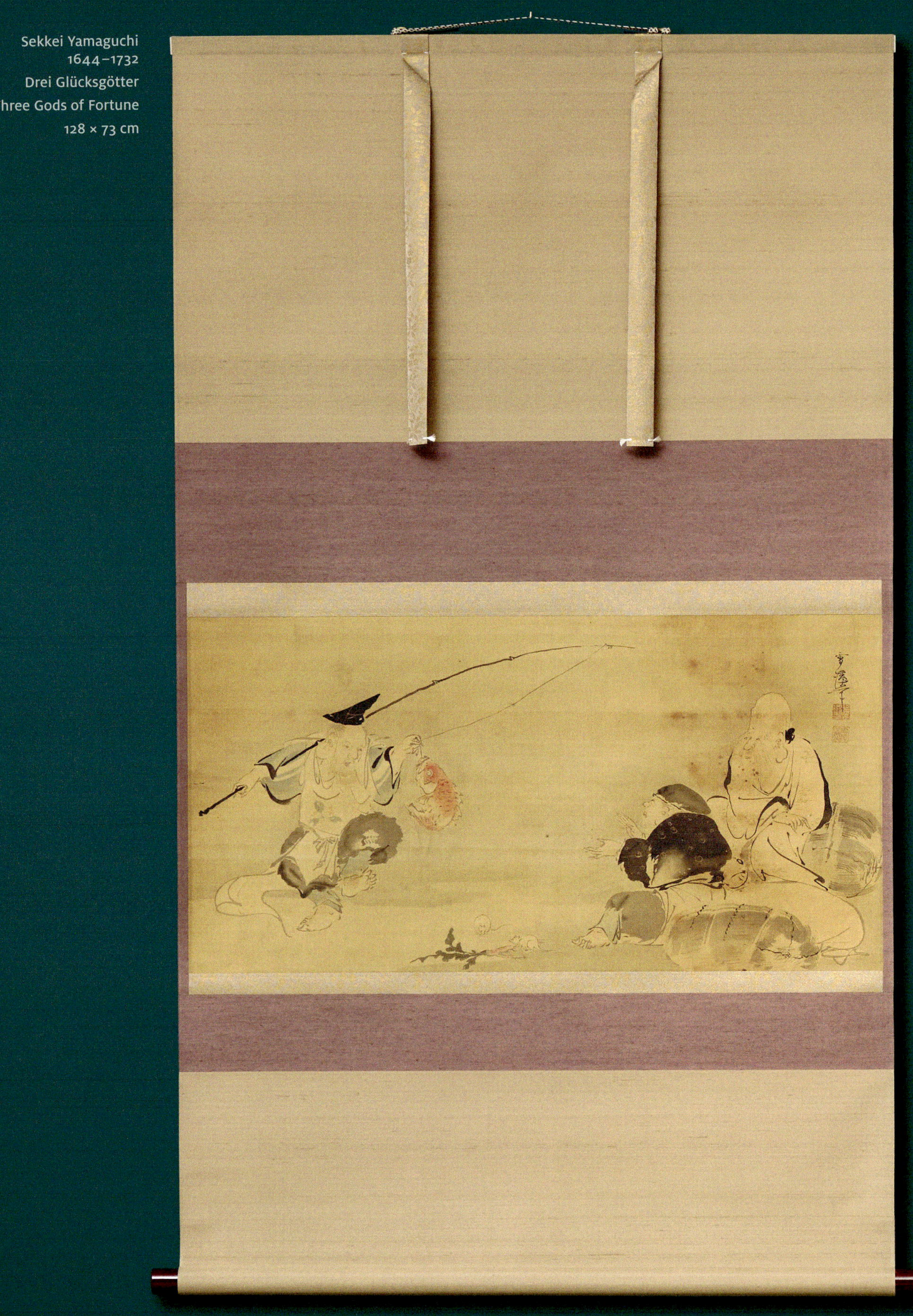

Sekkei Yamaguchi
1644–1732
Drei Glücksgötter
hree Gods of Fortune
128 × 73 cm

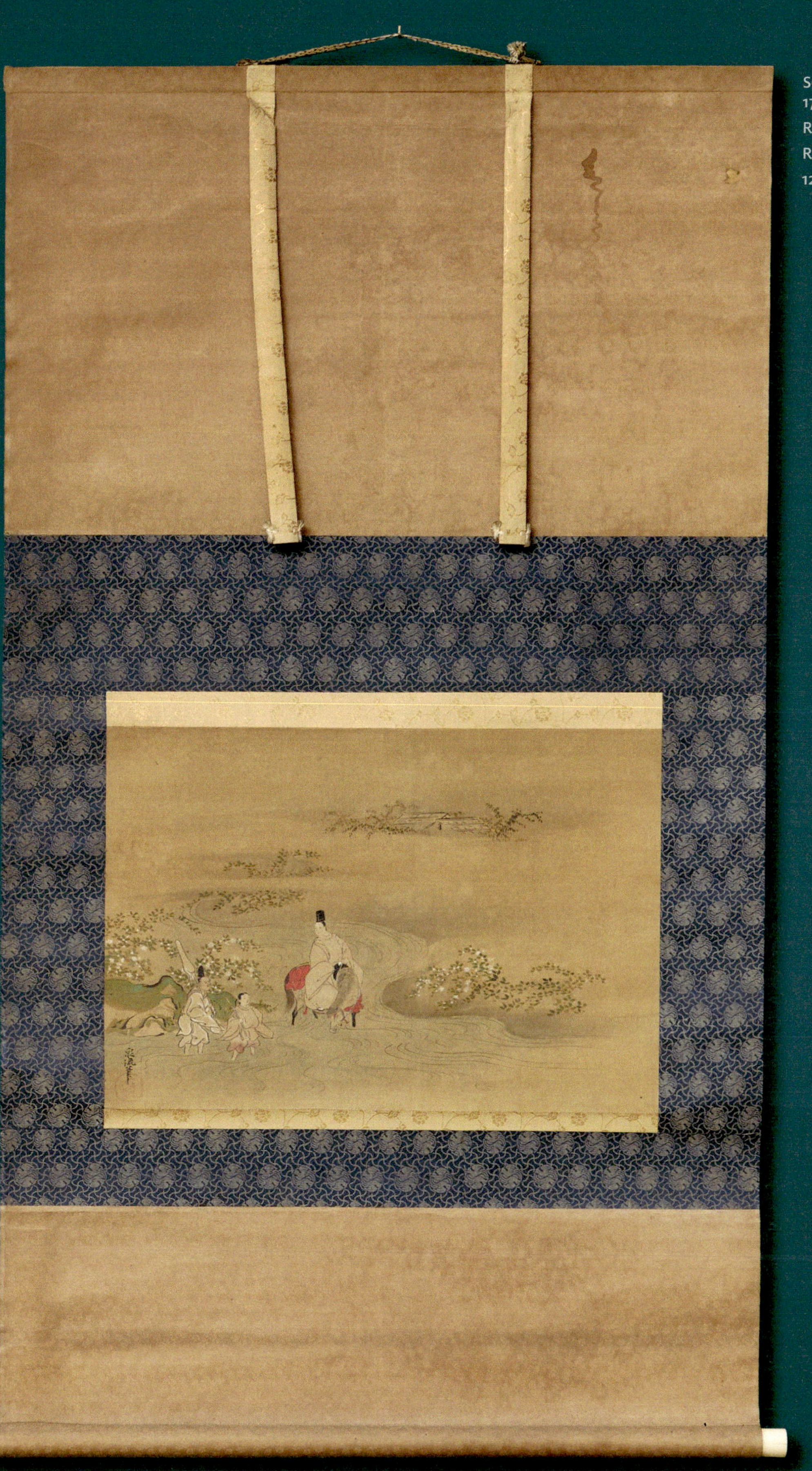

Senryu Iwai
1714–1772
Reiter im Tama-Fluss
Rider in the Tama River
121 × 66 cm

Chikudō Kishi
1826–1897
Glyzinie
Glycinia
191 × 41 cm

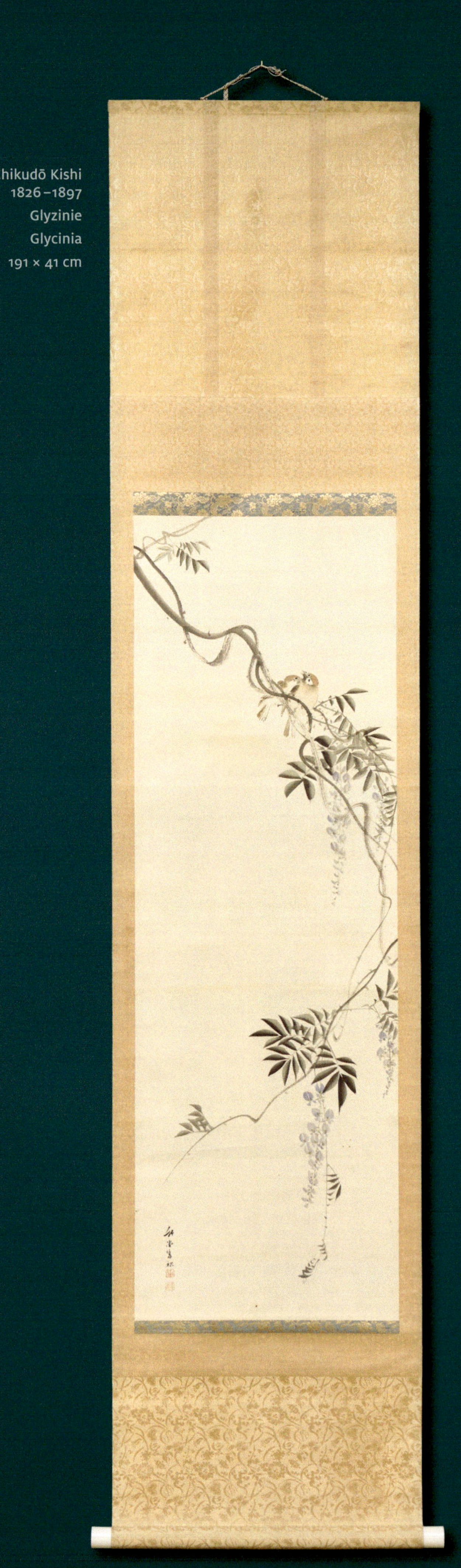

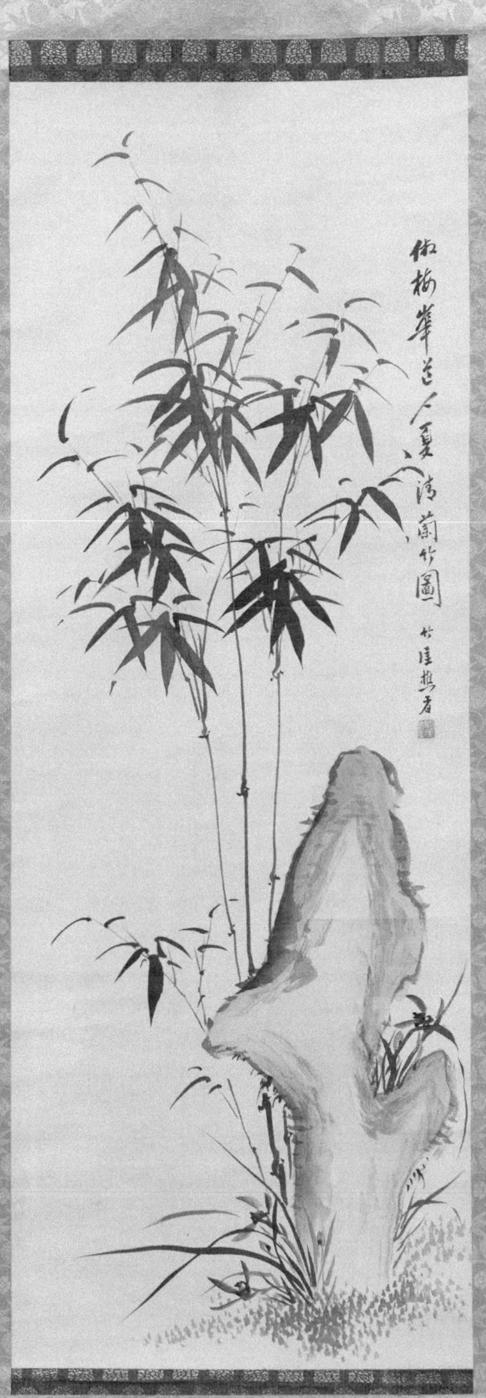

Unbekannt | Unknown

Fels mit Bambus
2. Hälfte des 18. Jhs.

Rock and Bamboo
2nd half of 18th century

177,5 × 56,5 cm

Kankan Tani
1770–1799
Bunichi Tani
1787–1818
Weidenzweige mit Sperling
Willow Branches with Sparrow
169 × 36 cm

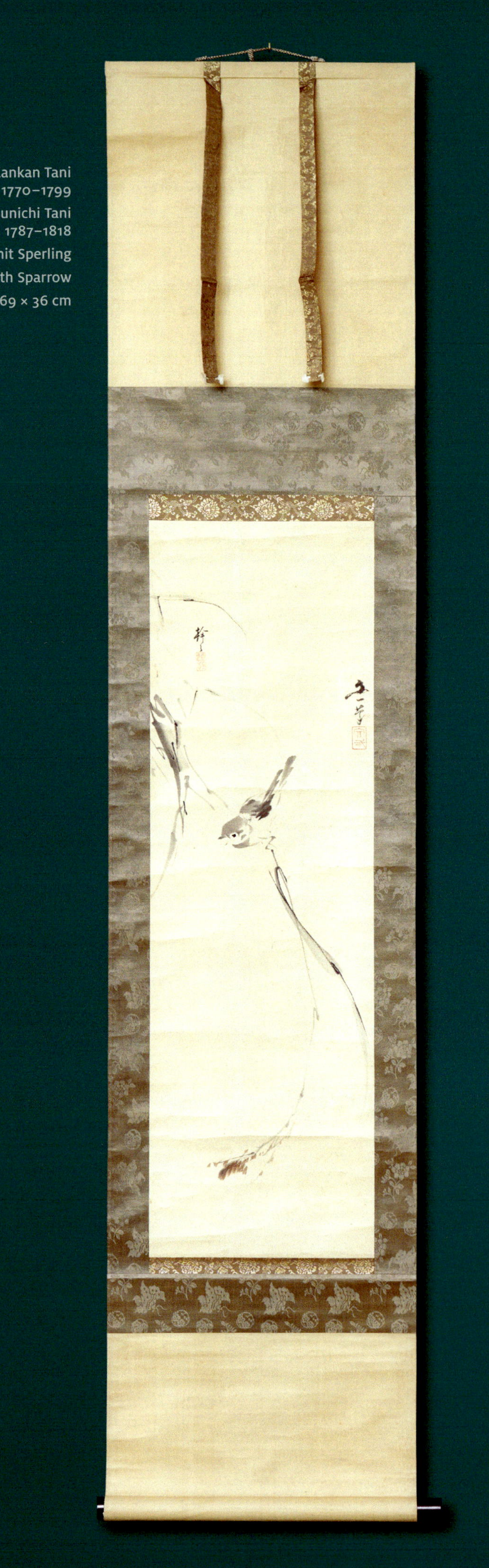

CLAUDIA FORTAGNE

Der Tau des Mitgefühls:

Die Geschichte hinter dem Bild

Weidenzweige mit Sperling ist ein außergewöhnliches Werk der Sammlung. Zum einen handelt es sich um eine Gemeinschaftsarbeit von Kankan Tani und ihrem Schwiegersohn Bunichi Tani. Zum anderen allegorisiert es den zögerlichen Wandel gesellschaftlicher Normen in der Edo-Zeit (1603–1868).

Es ist ein flüchtiger Moment dargestellt. Aus dem Hintergrund wölbt sich diagonal, vermutlich vom Wind in Schwingung versetzt, ein graziler Weidenzweig. Die lasierenden Grautöne wechselnder Intensität vermitteln Leichtigkeit und Sicherheit bei der Pinselführung. Feine schwarze Linien, gezielt positioniert, unterstützen diesen Eindruck und verleihen dem Motiv seine dynamische Wirkung. Der Blick folgt dem Verlauf des Zweiges hinunter zu stilisierten, rötlichen Blättern. Die dafür gewählte Farbe ist die einzige in dem sonst achromatisch gehaltenen Bild, dezent gesetzt lenkt sie nicht vom Hauptmotiv ab, vielmehr entsteht eine Tiefenwirkung, denn das Ende des Zweiges wird im Vordergrund wahrgenommen.

Der Sperling zieht die initiale Aufmerksamkeit der Betrachtenden auf sich, ist er doch mittig im oberen Segment gegendiagonal zum Zweig platziert. Einerseits wird dadurch die Anmutung von Bewegung verstärkt, anderseits eine ausgewogene Komposition erzielt. Die Signaturen sind den Bildmotiven zugeordnet und wirken als gestalterische Elemente.

Kankan steht links oben, inmitten angedeuteter kleiner Zweige. Am rechten Rand in verlängerter Diagonale seiner Vogeldarstellung befindet sich die größere Bunichi-Signatur und markiert die vordere Bildebene.

Das Datenblatt, vom ursprünglichen Besitzer des Werkes beigelegt, weist Kankan Tani als Künstlerin aus, während Bunichi Tani als Mitwirkender vermerkt ist.

CLAUDIA FORTAGNE

The Dew of Compassion:

The Story Behind the Picture

Willow Branches with Sparrow is an exceptional work in the collection. It is a collaborative work, created by Kankan Tani with her son-in-law Bunichi Tani, and also an allegory of tentative changes to social norms seen during the Edo period (1603–1868).

The image depicts a fleeting moment. A delicate willow branch arches diagonally outward from the background, probably having been set in motion by the wind. Glazed grey tones of varying intensity convey the lightness and confidence of the brushwork, an impression bolstered by the fine black lines, carefully positioned, which lend the motif its dynamic effect. The eye follows the branch downwards to the stylized reddish leaves. The reddish tone selected for the foliage is the only colour in an otherwise achromatic image; its subtle placement does not distract from the main subject matter, but instead creates an effect of depth, since the end of the branch is perceived as being in the foreground.

The viewer's attention is initially attracted by the sparrow, which has been positioned towards the centre of the upper segment, diagonally opposite the branch. This reinforces the impression of movement, while also giving balance to the composition.

The work's signatures are integrated into its visual motifs, serving as design elements in their own right. Kankan's signature can be seen in the top left of the image, surrounded by delicate impressions of small branches. At the right-hand edge of the picture, within the extended diagonal formed by his depiction of the bird, we see Bunichi's larger signature, which indicates the foremost plane of the picture. The information sheet included with the work by its original owner indicates that Kankan Tani is the artist, while Bunichi Tani is listed as a collaborator.

Kankan Tani zählt neben Gyokuran Ike[1] und Raikin Kō[2] zu den ersten bekannten Vertreterinnen des *Bunjinga*, der japanischen Literatenmalerei, die in der Edo-Zeit zunehmend an Beliebtheit gewinnt und unter dem Synonym *Nanga*[3] bekannt ist.[4] Die Tokugawa-Regierung fördert die Verbreitung des Konfuzianismus in Japan und damit auch das Ideal des Gelehrten als kultivierten Menschen, der die Künste der Literaten beherrscht – insbesondere Poesie, Malerei und Kalligraphie. So wendet man sich erneut chinesischen Vorbildern zu. Anstelle von perfektionierten Techniken und der Wahrung traditionell etablierter Regeln sind individueller Ausdruck und Geisteshaltung im Moment des Schaffens wesentlich. Hier zeigen sich Parallelen zur süd-chinesischen Schule des Zen-Buddhismus, die eine Erleuchtung durch augenblickliches und intuitives Erfassen der Wahrheit lehrt. Um 1700 breitet sich die Literatenmalerei in Japan nach und nach aus.

Es gibt selten Gelegenheiten, direkt von chinesischen Meistern unterwiesen zu werden, denn Landesabschließungsedikte verbieten den Japanern nach 1635 die Aus- und Einreise. So lernt man zumeist durch Kopieren und Nachahmen chinesischer Vorlagen. Dies begünstigt die Entwicklung neuer Ausdrucksformen und eigener Interpretationen. Die Künstler distanzieren sich vom streng akademischen Stil, der in Japan insbesondere durch die über Jahrhunderte etablierte Kanō-Schule repräsentiert wird.

„Frauen, die Poesie, Malerei und Kalligrafie erlernen, benötigen für ihre Ausbildung die Unterstützung eines Mannes, etwa eines Vaters oder eines Freundes der Familie."[5] Während eine Grundausbildung für Frauen höher gestellter Familien standesgemäß ist, ist die intensive Auseinandersetzung, beispielsweise mit Malerei, verpönt. Strikte Geschlechterrollen

1 Gyokuran Ike (1728–1784), Ehefrau des einflussreichen Nanga-Malers Ike Taiga (1723–1776). Sie wächst in Kyoto auf. Im Teeladen ihrer Familie veröffentlichen ihre Mutter und Adoptivgroßmutter Waka-Gedichte.

2 Raikin Kō (aktiv Ende 1700) studiert schon in jungen Jahren chinesische Malerei, Poesie und Kalligrafie und spielt später eine aktive Rolle in Bunjinga-Kreisen. Sie heiratet den Künstler Fuyō Kō, der ihre Interessen teilt und fördert.

3 Nanshūga „Malerei im Stil der (chinesischen) Südschule".

4 Vgl. Patricia Fister: Japanese Women Artists 1600–1900, Spencer Museum of Art, Lawrence, 1988, S. 84.

5 Kealey Boyd: The Untold History of Japan's Women Artists, 2023, https://hyperallergic.com/805551/the-untold-history-of-japans-women-artists-denver-art-museum/ übersetzt von der Autorin.

Along with Gyokuran Ike[1] and Raikin Kō[2], Kankan Tani is among the first known representatives of *bunjinga*, Japanese literary painting, also known by the synonym *nanga*,[3] which became increasingly popular during the Edo period.[4] The Tokugawa government promoted the spread of Confucianism in Japan, along with the ideal of the scholar as a cultured person who had mastered the literary arts, in particular poetry, painting, and calligraphy. For this reason, attention was again now paid to Chinese role models. Rather than perfected techniques and the observance of traditional rules, what became essential was individual expression and the state of mind at the moment of creation. We can observe parallels here with the southern Chinese school of Zen Buddhism, which teaches enlightenment via the immediate, intuitive grasp of truth. Literary painting gradually spread through Japan around the year 1700.

Opportunities to learn directly from Chinese masters were rare, since the 1635 edicts which decreed Japan's closure to the outside world had forbidden Japanese people to enter or leave the country. This meant artists mostly learned by copying and otherwise imitating examples of Chinese work, which encouraged the development of new forms of expression and independent interpretations. Artists distanced themselves from the previous, strictly academic style, which was particularly represented in Japan by the Kanō school, by now an established tradition going back centuries.

"Women who learned poetry, painting, and calligraphy required the support of a man, such as a father or family friend, for training."[5] While basic education was regarded as appropriate for women from high-ranking families, the more intensive study of subjects like painting was frowned upon. Strict gender roles and conventions forced caution on women who had artistic

1 Gyokuran Ike (1728–1784), wife of the influential nanga painter Ike Taiga (1723–1776). She grew up in Kyoto. Her mother and adoptive grandmother published waka poems in her family's tea shop.

2 Raikin Kō (active late seventeenth century) studied Chinese painting, poetry and calligraphy at a young age and later played an active role in bunjinga circles. She married the artist Fuyō Kō, who shared her interests and worked to promote them.

3 The full term is *nanshūga*, "painting in the style of the (Chinese) Southern School".

4 See Patricia Fister, *Japanese Women Artists 1600–1900* (Lawrence, Kansas: Spencer Museum of Art, 1988), 84.

5 Kealey Boyd, "The Untold History of Japan's Women Artists" (2023), https://hyperallergic.com/805551/the-untold-history-of-japans-women-artists-denver-art-museum

und Konventionen zwingen Frauen mit künstlerischen Ambitionen zur Vorsicht. Bereits in der Heian-Zeit (794 – 1185) gelten strenge Regeln. Frauen ist die Verwendung chinesischer Schrift untersagt. Ende des 10. Jahrhunderts lernt Murasaki Shikibu von ihrem Vater das Lesen und Schreiben chinesischer Zeichen. Um nicht in Verruf zu geraten, sieht sie sich gezwungen, ihr Wissen zu verbergen. Dennoch offenbart sich ihr literarisches Genie. Anfang des 11. Jahrhunderts verfasst sie *Die Geschichte vom Prinzen Genji* in *Onnade* – der Schrift der Frauen. Es gilt als herausragendes klassisches Werk der japanischen Literatur und dient bis heute als Inspirationsquelle für Künstler unterschiedlicher Genres.

Am 21. Februar 1770 wird Kankan Hayashi geboren. Es wird angenommen, dass ihre Familie dem Schwertadel angehört. Kankan Hayashi gilt als zurückhaltend und tugendhaft. Mit 16 Jahren heiratet sie 1785 Bunchō Tani (1763 – 1840). Zu seiner Zeit gilt er als einer der größten Maler in Edo. Er ist ein Virtuose, der sich fortwährend weiterbildet und viele unterschiedliche Stile beherrscht: japanische, chinesische und sogar westliche.[6] In der Gegenwart ist er berühmt als ein Hauptvertreter der Literatenmalerei.

Bunchō erkennt das Talent seiner jungen Frau und unterrichtet sie. Eine besondere Begabung zeigt sie für die Landschaftsmalerei sowie für die Abbildung von Flora und Fauna. Nach Erlernen der Grundfertigkeiten entwickelt sie ihren individuellen Stil. „Anstelle von generisch-männlichen Figuren nach chinesischen Vorgaben, bildet Kankan auch Frauen ab. Eine Deutung sieht darin die Absicht der Künstlerin selbst mit der Natur in einen Dialog zu treten, indem sie sich imaginär in die Szenerie ihres Bildes versetzt."[7] Die Mehrheit ihrer erhaltenen Werke zeigen Landschaften.

Aus der Ehe mit Bunchō geht eine Tochter mit dem Namen Nobuko hervor. Sie vermählt sich mit dem Meisterschüler ihres Vaters Bunichi Tani (1787 – 1818), der um 1794 von Bunchō zum Erben seiner Kunstschule[8] *Shazanrō* ernannt wird. In *Bun-*

ambitions. Already in the Heian period (794–1185), severe rules had applied to women, who were forbidden from using Chinese characters. At the end of the tenth century, Murasaki Shikibu learnt to read and write Chinese characters from her father, but was forced to hide this knowledge to protect her reputation. Nonetheless, her literary genius became evident: in the early eleventh century, she wrote "The Tale of Genji", an example of what was known as *onnade*, or women's writing. The work was considered remarkable, and came to be seen as a classic of Japanese literature; to this day, it has served as an inspiration to artists in a variety of genres.

Kankan Hayashi was born on February 21, 1770; she is believed to have belonged to a family of the military nobility, also known as the "sword nobility". She was considered to be reserved and virtuous; in 1785, at the age of sixteen, she married Bunchō Tani (1763–1840), regarded as one of the greatest painters in Edo at this time. He was a virtuoso artist who continued to learn over the course of his career, mastering many styles, including Japanese, Chinese, and even Western.[6] Today Bunchō is famous as a leading representative of literary painting.

Bunchō recognized his young wife's talent and became her teacher: she showed a particular aptitude for landscape painting and for the depiction of flora and fauna. After learning basic skills, she developed her own individual style. Rather than solely depicting the usual generic male figures, Kankan also portrayed women. One interpretation views this as stemming from the artist's intention to enter into a dialogue with nature by imagining herself within the scenery of her own picture.[7] The majority of Kankan's surviving works are depictions of landscapes.

Kankan's marriage with Bunchō produced a daughter named Nobuko, who married her father‹s master student, Bunichi Tani (1787–1818), who Bunchō nominated as heir to *Shazanrō*, his artistic school, around the year 1794.[8] In

6 Vgl. Miyeko Murase: Bridge of Dreams: The Mary Griggs Burke Collection of Japanese Art, The Metropolitan Museum of Art, New York, 2000, S. 406, übersetzt von der Autorin.

7 Vgl. Patricia Fister: Japanese Women Artists 1600 – 1900, Spencer Museum of Art, Lawrence, 1988, S.94

8 Die Schulen der japanischen Malerei, ihre Lehren und Malstile, werden immer vom Meister an einen männlichen Erben weitergegeben. Dabei handelt es sich nicht immer um direkte Nachfahren, sondern auch um adoptierte Meister-Schüler, die sich als hochtalentiert und fähig erweisen.

6 See Miyeko Murase, *Bridge of Dreams: The Mary Griggs Burke Collection of Japanese Art* (New York: Metropolitan Museum of Art, 2000), 406.

7 See Fister, *Japanese Women Artists 1600–1900*, 94.

8 Schools of Japanese painting, including their teachings and painting styles, were always passed on from the master to a male heir. These inheritors were not always direct descendants: master students who had proved talented and capable were also adopted as heirs of the school.

jinga-Kreisen ist es üblich, gemeinsam poetische, malerische und kalligrafische Werke zu schaffen. Beispielhaft dafür ist das Bild *Weidenzweige mit Sperling*. Es repräsentiert die Offenheit gegenüber und die Akzeptanz von Frauen in der Literatenmalerei. „Bemerkenswert ist, dass viele weibliche Familienmitglieder Bunchōs malen – seine Frau Kankan, seine jüngeren Schwestern Shūko und Kōran sowie seine Töchter aus zweiter Ehe Shun‹ei und Kitsukitsu."[9]

Kankan wendet sich dem Buddhismus zu und beginnt 1795, ein Ritual, das sie bis zu ihrem Tod beibehält. Es wird vermutet, dass ein Grund dafür eine unheilbare Krankheit ist. Täglich malt sie ein Bild von Kannon, der Göttin der Barmherzigkeit[10]. Sie wird für ihre unerschöpfliche Hilfsbereitschaft verehrt und symbolisiert Mitgefühl, Weisheit und Schutz. Kankan stirbt am 23. August 1799 im Alter von nur 30 Jahren.

Die große Zuneigung Bunchōs zu Kankan, wie auch seine Bewunderung ihres künstlerischen Schaffens äußert sich nicht zuletzt in seinem Bestreben, ihr ein würdiges Denkmal zu schaffen. Er lässt einen Holzschnitt von dem Kannon-Portrait anfertigen, das Kankan einen Tag vor ihrem Tod malt. Die Drucke sendet er mit der Nachricht vom Ableben seiner Frau an die Familie und Freunde. Kankan Tanis Grabstein ziert die Gravur einer stehenden Frau, vermutlich basierend auf einem Portrait, gemalt von Bunchō selbst.

Obwohl japanische Malerinnen zu ihren Lebzeiten die gleiche Berühmtheit erlangen wie ihre männlichen Pendants und Einfluss auf die künstlerische Entwicklung nachfolgender Generationen nehmen, finden sie im kunsthistorischen Diskurs über lange Zeit kaum Beachtung. Erst in der zweiten Hälfte des 20. Jahrhunderts beginnen Nachforschungen und eine intensive Auseinandersetzung mit den japanischen Künstlerinnen. Nicht unwesentlich war die Anzahl derer, die sich dazu entschließen, Nonne zu werden. „Einige von ihnen verzichten aus rein religiösem Engagement auf das weltliche Leben und werden Äbtissinnen, während andere nur lose mit religiösen Institutionen verbunden sind und die weltlichen Bindungen

9 Vgl. Miyeko Murase: Bridge of Dreams: The Mary Griggs Burke Collection of Japanese Art, The Metropolitan Museum of Art, New York, 2000, S. 406, übersetzt von der Autorin.

10 Kannon, Abkürzung von Kanzeon, wörtlich: diejenige, die die Schreie der Welt wahrnimmt. Beschützerin und Helferin der Menschheit, https://www.japanwelt.de/blog/kannon-die-goettin-der-barmherzigkeit-im-japanischen-buddhismus

bunjinga circles, it was common to create poetic, pictorial and calligraphic works together. *Willow Branches with Sparrow* is a typical example of this, representing an acceptance of and openness towards women in literary painting. "Many women in Bunchō's family also painted: his wife Kankan, his younger sisters Shūkō and Kōran, and his daughters [from his second marriage] Shun'ei and Kitsukitsu."[9]

Kankan turned to Buddhism in 1795, beginning a ritual which she maintained until her death, possibly because she was suffering from an incurable illness: every day she painted a picture of Kannon, goddess of mercy,[10] a deity symbolizing compassion, wisdom, and protection, and revered for her inexhaustible readiness to help. Kankan died on August 23, 1799, aged just thirty.

An important expression of Bunchō‹s great affection for Kankan, along with his admiration for her artistic work, was his effort to create a worthy memorial for her. He had a woodcut made from the portrait of Kannon which Kankan painted on the day before her death, printing copies to send to family and friends with news of her death. Kankan Tani's tombstone bears an engraving of a standing woman, probably based on a portrait by Bunchō himself.

Although Japanese female painters achieved the same level of fame as their male counterparts during their lifetimes and influenced the artistic development of later generations, they long received little attention in art-historical discourse. Intensive research and study of the works of Japanese female artists only began in the second half of the twentieth century. Interestingly, a not insignificant number of these female artists decided to become nuns. "Some of them renounced worldly life out of pure religious commitment and became heads of temples, while others were only loosely affiliated with religious institutions, choosing not to cut secular ties completely in order to more freely pursue their literary and artistic interests."[11]

9 See Murase, Bridge of Dreams: The Mary Griggs Burke Collection, 406.

10 Kannon, a shortening of "Kanzeon", literally means "she who hears the world's screams". The deity was regarded as a protector and helper of human beings. (See https://www.japanwelt.de/blog/kannon-die-goettin-der-barmherzigkeit-im-japanischen-buddhismus).

11 See Patricia Fister, "Calligraphy, Poems, and Paintings by Japanese Buddhist Nuns" https://her-brush.denartmus.org/fister-essay.

nicht komplett aufgeben, um ihren literarischen und künstlerischen Interessen freier nachgehen zu können."[11]

Die amerikanische Kunsthistorikerin Patricia Fister konstatiert nach ihren Gesprächen mit buddhistischen Zen-Nonnen: „Die meisten heutigen Äbtissinnen bestehen darauf, dass buddhistische Malereien und Skulpturen nicht als Kunst, sondern vielmehr als religiöse Objekte betrachtet werden sollten."[12]

Bis zu ihrem Tod schuf Kankan Tani über 1.000 Malereien der Göttin Kannon.

Ihr künstlerisches Wirken ist gleichzeitig Gebet. Eines der Attribute mit denen Kannon dargestellt wird, ist der Weidenzweig. Mit diesem verteilt sie den Tau des Mitgefühls über alle Wesen, um deren Leiden zu lindern und karmische Bindungen zu lösen. Möglicherweise liegt dem Motiv der Weidenzweige im hier vorgestellten Werk diese Symbolik zu Grunde.

Reporting on her discussions with Zen Buddhist nuns, American art historian Patricia Fister observes that "...most present-day abbesses are adamant that Buddhist paintings and sculptures should not be referred to as art but rather be considered as religious objects."[12]

During her lifetime, Kankan Tani created over a thousand paintings of the goddess Kannon. Her work as an artist was also a form of prayer. Moreover, her depictions of Kannon frequently contain a willow branch, the object with which she spreads the dew of compassion upon all beings, easing their suffering and dissolving the bonds of karma. The motif of the willow branch in the work presented here very likely draws on this symbolic association.

11 Vgl. Patricia Fister: Calligraphy, Poems, and Paintings by Japanese Buddhist Nuns, https://her-brush.denartmus.org/fister-essay/ übersetzt von der Autorin.

12 Vgl. Patricia Fister: Shining Light on Art by Japanese Buddhist Nuns, https://her-brush.denartmus.org/symposium/essay-fister/

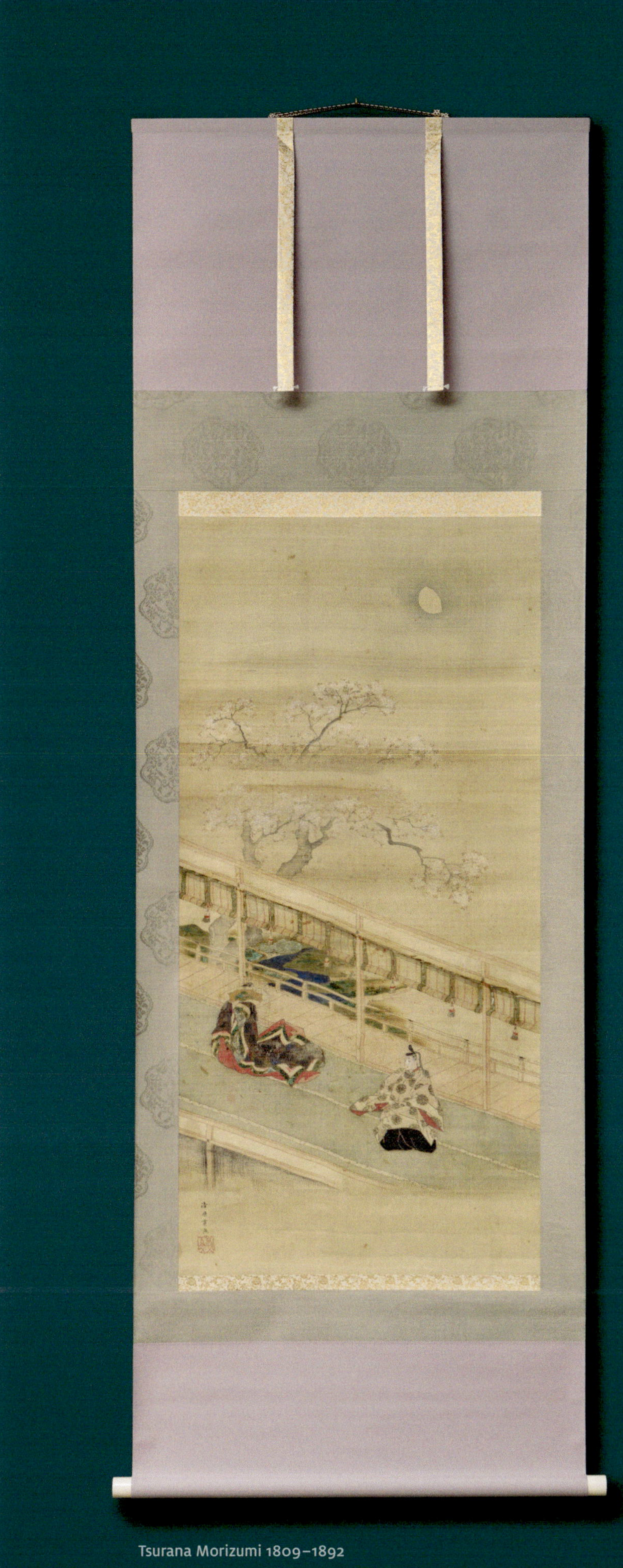

Tsurana Morizumi 1809–1892
Szene aus der Geschichte vom Prinzen Genji
Scene from The Tale of Genji
185 × 61,5 cm

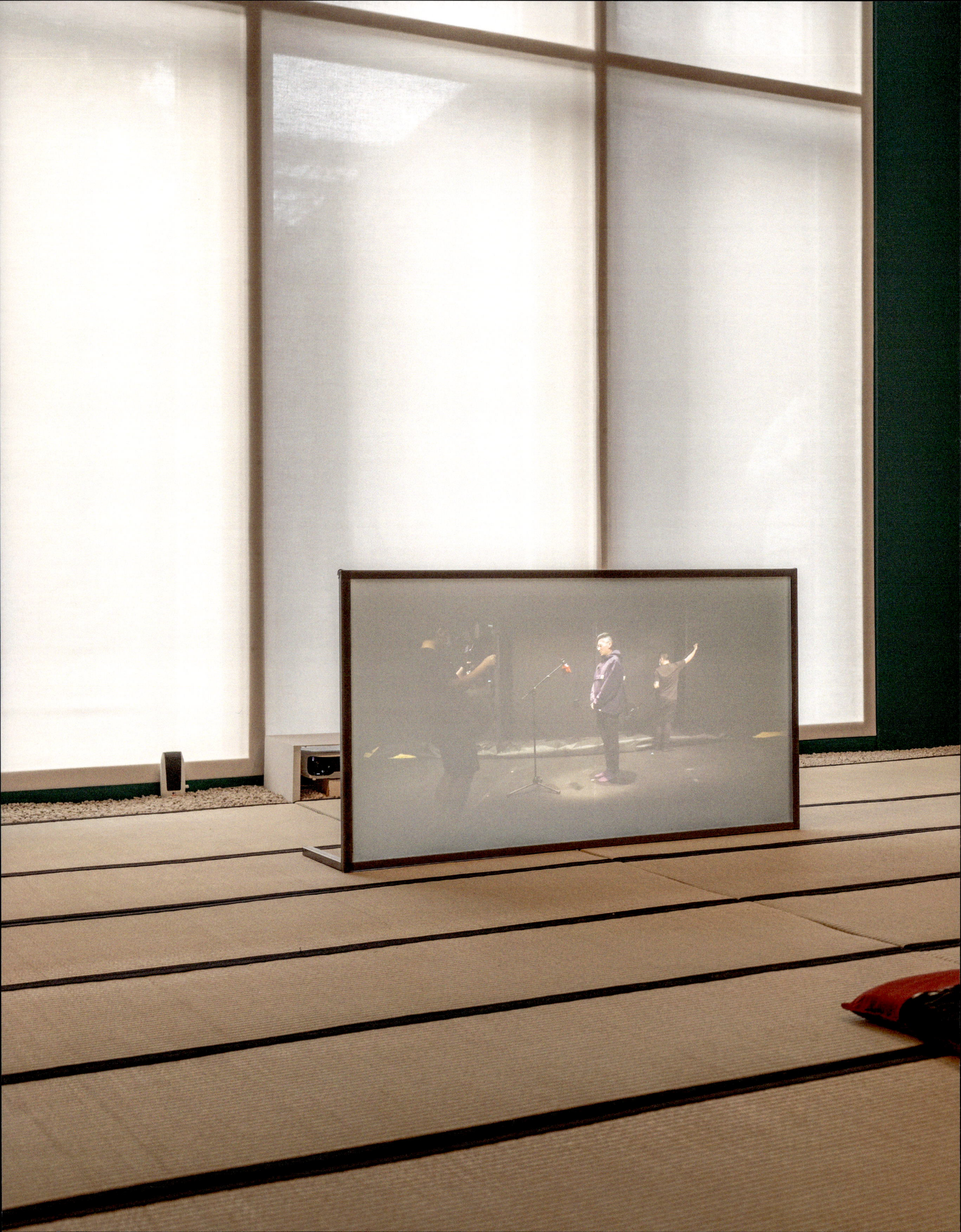

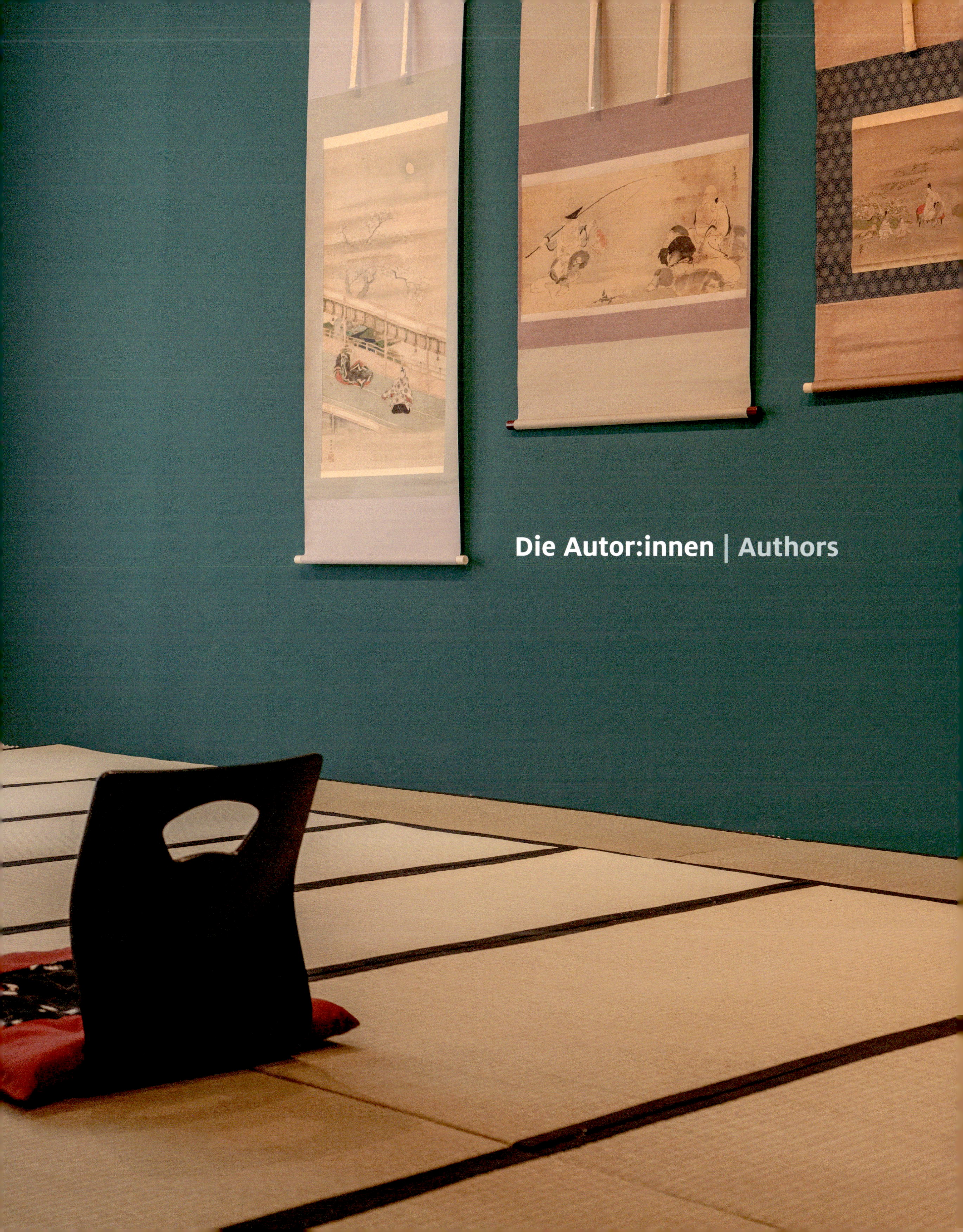

Die Autor:innen | Authors

Adam Budak, geboren in Polen, war von 2020 bis 2024 Direktor der Kestner Gesellschaft in Hannover. Er war künstlerischer Leiter der Nationalgalerie in Prag, Tschechische Republik und Kurator zahlreicher Ausstellungen, darunter die Biennale Gherdeina VI, 2018 in St. Ulrich, Südtirol, Italien und »Architectures: Meta-Strukturen der Humanität, Morphische Strategien der Exposition« im polnischen Pavillon der 9. Architekturbiennale in Venedig, 2004. Außerdem ist er Kurator des lettischen Pavillons auf der Kunstbiennale Venedig 2024. Adam Budak studierte Theaterwissenschaften an der Jagiellonski Universität in Krakau und Philosophie, Kunstgeschichte und Architektur an der Central European University in Prag.

Adam Budak, born in Poland, was Director of the Kestner Gesellschaft in Hanover from 2020 to 2024. He was Artistic Director of the National Gallery in Prague, Czech Republic and curator of many exhibitions, including the Biennale Gherdeina VI, 2018 in Ortisei, South Tyrol, Italy and "Architectures: Meta-structures of Humanity, Morphic Strategies of Exposure" in the Polish Pavilion of the 9th Architecture Biennale in Venice, 2004. He is also the curator of the Latvian Pavilion, Art Biennale Venice, 2024. Adam Budak studied Drama at the University of Jagiellonski in Krakow and Philosophy, Art History and Architecture at the Central European University in Prague.

Claudia Fortagne, geboren in Berlin, studierte zunächst Philosophie an der Leibniz Universität Hannover. 2003 wechselte sie in den Diplomstudiengang Kommunikationsdesign der damaligen Fachhochschule Hannover. Nach erfolgreichem Abschluss forschte sie ein Semester an der Hiroshima City University zum Thema Japanische Ästhetik und schloss dort ein Masterstudium der Traditionellen Japanischen Lackkunst mit anschließender Promotion (2014) auf dem Gebiet Comprehensive Design and Arts an. Seit 2016 ist sie an der Hochschule Hannover an der Fakultät III – Medien, Information und Design tätig. Als Vorstandsmitglied und amtierende Vizepräsidentin der Deutsch-Japanischen Gesellschaft Hannover Chado-Kai e.V. organisiert sie unter anderem Projekt-Kooperationen mit japanischen Künstler:innen und Studierenden.

Claudia Fortagne, born in Berlin, first studied Philosophy at Leibniz University Hanover. In 2003 she changed to the Communication Design diploma programme of the University of Applied Sciences and Art Hanover. After graduating she spent a semester at Hiroshima City University researching Japanese Aesthetic and completed a master's degree in Traditional Japanese Lacquer Art followed by a doctor's degree (2014) in Comprehensive Design and Arts. Since 2016 she has been working at the Faculty of Media, Information and Design at the University of Applied Sciences and Arts Hanover. As a board member and current vice president of the German-Japanese Society Hanover Chado-Kai e.V., she organises project collaborations with Japanese artists and students.

Christiane Hackerodt studierte in der Schweiz an der Hochschule St. Gallen Wirtschaftswissenschaften und promovierte dort mit einer vergleichenden Analyse über derivative Finanzinstrumente zwischen den Ländern USA, Japan und der Schweiz. Seit 1990 ist sie in der Geschäftsführung der Hackerodt Unternehmensgruppe tätig. 2013 rief sie die Dr. Christiane Hackerodt Kunst- und Kulturstiftung ins Leben, die sie als Vorstand vertritt.

Wilfried Köpke studierte Philosophie und Erwachsenenpädagogik in München, Theologie in Frankfurt am Main, Journalistik in Hannover und Kuratorische Praxis in Berlin. Als Redakteur und Freier Journalist arbeitet er zwölf Jahre u.a. für Die Zeit, SAT.1, ARTE und die ARD-Sender. Als Kurator, u.a. für die Dr. Christiane Hackerodt Kunst- und Kulturstiftung, initiiert er Ausstellungen und führt in sie ein, publiziert zur Kunst in Katalogen und weiteren Medien. Seit 2004 lehrt er als Professor für Journalistik mit den Schwerpunkten Kulturjournalismus und Fernsehjournalismus an der Hochschule Hannover.

Christiane Hackerodt studied economics at the University of St. Gallen in Switzerland and received her doctorate with a comparative analysis on derivative financial instruments between the US, Japan and Switzerland. She has been working in the management of the Hackerodt Group since 1990. In 2013 Christiane Hackerodt created the Dr. Christiane Hackerodt Foundation for Arts and Culture which she represents as director.

Wilfried Köpke studied philosophy and adult education in Munich, theology in Frankfurt am Main, journalism in Hanover and curatorial practice in Berlin. As an filmaker and freelance journalist, he worked for twelve years for Die Zeit, SAT.1, ARTE and the ARD, among others. As a curator, including for the Dr. Christiane Hackerodt Art and Culture Foundation, he initiates and introduces exhibitions and publishes on art in catalogues and other media. Since 2004, he has been a professor of journalism, specialising in cultural journalism and television journalism, at Hanover University of Applied Sciences and Arts.

Eine Welt aus Tau
Herausgegeben von Wilfried Köpke für die
Dr. Christiane Hackerodt Kunst- und Kulturstiftung
Loebensteinstraße 41
D-30175 Hannover

Übersetzungen: Brían Hanrahan
Alle Fotos Roland Schmidt bis auf die Aufnahmen von: Volker Crone: Umschlag und S. 10/11, 18/19, 27, 44/45, 92/93
und Henning Scheffen: S. 6, 20.
Alle Maßangaben der Werke: Höhe vor Breite vor Tiefe in cm.
Koordination Dr. Christiane Hackerodt Kunst- und Kulturstiftung: Angela Klein
Kurator der Dr. Christiane Hackerodt Kunst- und Kulturstiftung: Prof. Wilfried Köpke

Ausstellung und Katalog wurden gefördert durch die
Dr. Christiane Hackerodt Kunst- und Kulturstiftung.

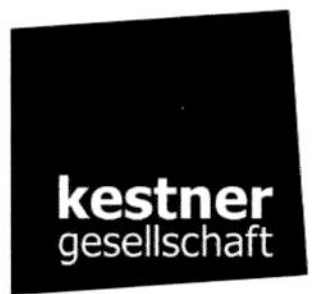

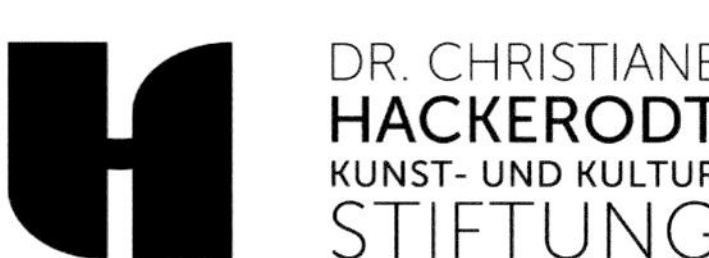

Bibliographische Informationen der Deutschen Nationalbibliothek:
Die Deutsche Nationalbibliothek verzeichnet diese Publikation
in der Deutschen Nationalbibliographie; detaillierte bibliographische Daten
sind im Internet über https://dnb.de abrufbar.

1. Auflage 2025

Satz und Gestaltung: typegerecht berlin
Fördert Klimaschutzmaßnahmen
Printed in EU

ISBN 978-3-7954-3909-5

Weitere Informationen zum Verlagsprogramm erhalten Sie unter:
www.schnell-und-steiner.de